贸易是人类生存的条件之一,贸易武器化则与之相违。贸易的本质是多边的,它符合所有人的利益。

GAMING TRADE
WIN-WIN STRATEGIES FOR THE DIGITAL ERA

大国贸易博弈
数字时代的双赢战略

［英］丽贝卡·哈丁　［英］杰克·哈丁◎著
于冬梅◎译

版权登记号：图字 01-2021-0154 号

图书在版编目（CIP）数据

大国贸易博弈：数字时代的双赢战略 /（英）丽贝卡·哈丁，（英）杰克·哈丁著；于冬梅译 . -- 北京：当代世界出版社，2021.3

ISBN 978-7-5090-1527-8

Ⅰ. ①大… Ⅱ. ①丽… ②杰… ③于… Ⅲ. ①国际贸易—研究 Ⅳ. ① F74

中国版本图书馆 CIP 数据核字（2019）第 254930 号

Copyright © 2019 Rebecca Harding and Jack Harding
Published by London Publishing Partnership
Published in association with Enlightenment Economics
All Rights Reserved
The simplified Chinese translation rights arranged through Rightol Media
（本书中文简体版权经由锐拓传媒取得 Email:copyright@rightol.com）

大国贸易博弈：数字时代的双赢战略

作　　者：	［英］丽贝卡·哈丁　［英］杰克·哈丁
译　　者：	于冬梅
出版发行：	当代世界出版社
地　　址：	北京市东城区地安门东大街 70-9 号
网　　址：	http://www.worldpress.org.cn
编务电话：	（010）83907528
发行电话：	（010）83908410（传真）
	13601274970
	18611107149
	13521909533
经　　销：	全国新华书店
印　　刷：	北京中科印刷有限公司
开　　本：	880×1230 毫米　1/32
印　　张：	8
字　　数：	135 千字
版　　次：	2021 年 3 月第 1 版
印　　次：	2021 年 3 月第 1 次
书　　号：	ISBN 978-7-5090-1527-8
定　　价：	68.00 元

如发现印装质量问题，请与承印厂联系调换。
版权所有，翻印必究，未经许可，不得转载！

目录 | GAMING TRADE

序言　从贸易的武器化到相互确保摧毁 … 001

第一章　择剑而战 …………………… 013

第二章　权力角逐 …………………… 037

第三章　博弈策略 …………………… 063

第四章　美国：威压制胜 …………… 097

第五章　中国：持久战 ……………… 123

第六章　俄罗斯：暗实力建设 ……… 151

第七章　欧盟：快乐的家庭？ ……… 187

第八章　玩家指南：行动中的战略 … 219

致谢 ………………………………… 248

序言　从贸易的武器化到相互确保摧毁

贸易武器化如今已成主流思想共识。贸易政治正在碾压经济理性也是不争的现实。而在 2017 年我们的书《贸易武器化：政治与经济的巨大失衡》出版之际，这样的论断尚被看作是为追求轰动效应而妄下断言。当下，《经济学人》杂志的一期封面被冠上了"大规模杀伤性武器"的大标题，配图是一个弹体上写满"关税""技术黑名单""金融孤立""制裁"等字样的从天而降的炸弹，曾几何时，把贸易视为各国武器库中维护国家安全的武器之一的想法也已不再是夸张的假说了。

现在竞争的格局已经改变。中国已经在世界金融和世界贸易中日益占据主导地位。当欧洲的工业政策论及与中国有关的问题时,开始使用"我们的竞争对手"这样的措辞,当安格拉·默克尔(Angela Merkel)开始谈论"战略竞争",就像她在2019年慕尼黑安全会议上做的那样,你知道,合作的全球化的资本主义世界正在感到威胁。

本书的核心论点是贸易正被当作国际权力和全球霸权之争的媒介和载体。贸易,不仅在经济上、军事上而且更在技术上,成为了无所不用其极的外交政策的一部分。

世界主要大国日益把关注重点放在对新的技术范式的控制上,但到目前为止,没有人真正理解这种技术范式。自20世纪90年代信息与通信技术(ICT)兴起开始,由于数字化、物联网和复杂而又相互依存网络的发展,如今的技术变革不断加速。用施密特和科恩①的话来说,"互联网是人类所创造的为数不多的他们并不真正理解的东西之一:它是无形的,处于不断变化的状态,每一秒都在变大、变复杂"。这对贸易有着深远的影响。贸易之所以成为国家间斗争的武器,正因为它是这场技术变革的传递交付机制。

举个例子,当我们叫"优步"打车的时候,我们向谁下单呢?

---

① 艾瑞克·施密特是谷歌前执行董事长;贾瑞德·科恩是谷歌智库主任、美国外交协会研究员、前国务卿顾问。两人合著了《新数字时代:转型中的国家、企业与我们的生活》一书。——译者注

从表面上看，我们是付钱给司机——当地一个持零工时合同的自由职业者。然而，我们是通过一个移动应用软件进行的支付，它使用的技术可能是美国的，也可能是中国的；我们支付所用的这个设备可能是美国的、韩国的或中国的产品。我们所付的这笔钱将流向"优步"，这是一家总部设在美国的公司，它的部分股份由日本投资企业软银集团持有。而软银集团也持有中国阿里巴巴公司的股份。这就是一个全球供应链的世界。事实是，没有人真正知道这些相互依赖有多复杂，或者在数字世界里到底有多少交易在进行。

据世界贸易组织（WTO）测算，在2016年，类似这样的电子商务交易总额大约为277亿美元。但是，电子商务不是数字贸易的全部。事实上，目前尚无关于数字贸易的正式定义，尽管经济合作与发展组织（OECD）有一个暂行的定义："数字贸易是指利用各种形式的数字技术开展的商务活动，它包括在客户、企业和政府之间以数字技术赋能的传输方式所进行的商品和服务的交易，交易标的物的交付可以用数字化形式或实物形式进行。"也就是说，虽然所有形式的数字贸易都是通过数字技术实现的，但并不是所有的数字贸易都是通过数字形式对标的物进行交付的。

如果我们不能给某个事物下定义，我们就无法衡量它。

如果我们无法衡量它,那么我们就无从知晓它到底是什么。而如果我们不知道它到底是什么,那么,作为人类,我们就会对它保持警惕——更重要的是希望对其进行控制。数字贸易有着未知的风险吗?它会对国家安全构成威胁吗?或者,这个贸易的"网络"解决方案会带来一些能为每个人创造利益的全球性机遇吗?

不幸的是,这样的机会目前还难以看到。2019年5月末,中国指责美国"经济恐怖主义""恐吓和胁迫"。而美国反过来指责中国不按规则办事。早在2018年初,美国援引《1974年贸易法》第301条,绕开世界贸易组织,以国家安全为由,调查中国对部分美国进口商品征收500亿至600亿美元关税的情况①。其结果是,美国认为中国的贸易做法是不正当的,对美国知识产权的威胁尤其不容忽视。

这是美国贸易政策的一个重大转折。援引这一法律,美国实际上是在指责中国损害其国家安全。针对日本、欧洲(特别是德国)、韩国及其北美自由贸易协定(NAFTA)伙伴中的加拿大和墨西哥,美国的类似指控也接踵而至。换言之,在美国看来,即便是盟友也存在通过贸易手段危害美国国家利益的可能。这让全球贸易蒙上了一种紧张而

---

① 原文如此。——译者注

情绪化的气氛。

本书将表明世界各地的贸易争端仅仅是以贸易为表象。所有这些贸易争端的背后，是一场对全球权力、影响力和霸权的争夺，是对那些将决定我们生活和贸易发展方向的数字流和技术范式的掌控权之争。

一如既往，斗争的焦点是权力。很多人都熟悉"硬实力"这个概念，它通常是指通过胁迫而产生的力量，而且常常是通过军事手段而获得的，但又不限于军事手段。而"软实力"是指通过综合手段，主要包括文化、社会和经济实力营造出来的影响力。近年来，兴起了第三种权力学说，即"锐实力"的概念，锐实力指的是使用颠覆性的方式，比如通过通信技术手段，影响社会和政治规范与价值观的实力。然而，本书将进一步说明，大国角逐其实已经超越了上述所有方面，正在向对一种新实力的争夺过渡。我们将不把它划分和归属到不同的类别里，如军事、政治、经济或金融，而是探讨所有这些实力交织在一起时产生的综合实力概念——"范式实力"。它就是我们目前所见证的数字化转型所带来的掌控力。它涉及对数据、资金流动和互联网的控制。换句话说，这不仅关乎我们进行贸易的方式，也关乎贸易本身。

了解大国博弈的规则和博弈的方式，进而在这场全球影响力之争中找到一种积极的解决办法——这是本书的出发点。

后脱欧与后特朗普时代的贸易

我们上一本书《贸易武器化》的中心主题是，贸易的语言已变得充满敌意。通过唤起战争和冲突的精神，它把伙伴变成敌人，变得越来越军国主义和经济民族主义。这种好战的言辞与过去30年使用的贸易语言形成了鲜明的对比，而过去30年的贸易语言都是关于机会、交流、伙伴关系和增长的。

在某种程度上，好战言辞的出现是为了吸引不满的选民——他们看到了全球化给中国中产阶级带来的好处，而自己却没有从中受益。在民粹主义政治中，贸易被作为令人信服的故事来叙述，谈到贸易时，把其他国家描述为竞争对手已经算是最好的了，最坏的情况下不妨称它们是谈判桌对面的"敌人"，这样就便于营造一种统一的国家意识。

使用好战的言辞表明，贸易在国家战略中扮演的角色发生了翻天覆地的变化。贸易不再像以前那样是国家经济战略的一个目标，而是成为国家安全战略的一部分，在某些情况下甚至还成为国家军事战略的一部分。这种言辞被当作一种工具,以一种我们前所未见的方式来进行胁迫、恐吓和施加影响。不仅在国家的战略文件和有影响力的决策者的发言和声明中,而且在国际和国家贸易治理框架的调整乃至细分协议的文本中,这种言辞都毫无顾忌地公然使用着。

贸易本身不是本书关注的核心问题。贸易是一场更大的权力斗争的媒介与载体,这种斗争不仅发生在不同经济和政治体系之间,也发生在不同的技术体系之间。本书探讨的是新范式之下的控制权之争。

在一个多极化的世界里,离心力正在把各个国家分开,而它所用的工具原本应该是将它们团结在一起的。信息通信技术的兴起,使人们可以在任何地方、就任何事情进行交流,但它也让每个人和任何人都有了发言权,增强了公众对不公平和弱势的敏感度,暴露了全球化下的贫富不均。在金融危机之后,全球联网的企业和金融机构一如既往地增长着。然而,在公众的心目中,日益增长的贸易早就与全球化混为一谈,似乎没能给人们带来食物或稳定的工作。

最重要的是,全球化已经使权力的中心转移到了经济和贸易上。这与冷战时期形成了鲜明的对比。那时,在美苏两个超级大国的军事工业联合体的主导作用下,军事实力举足轻重。而在数字时代，打造影响力的有力武器都是与经济相关的。因此，贸易已成为战略问题。仅有保护本国产业不受海外竞争影响的重商主义防御思想是不够的，还必须要全面保护国家安全利益不受其他强国的侵犯。如今，在角逐全球实力和影响力的过程中，贸易，而不是传统军事行动，冲上了前沿阵地。

目前，中美之间的消耗战将在可预见的未来定义地缘政治。然而，在这场权力的游戏中不只有它们两个玩家：我们还必须把俄罗斯和欧洲包括在内，因为在势必将会改写国际关系和国际贸易的网络化技术的驱使下，世界正从两极治理体系转向多极治理体系。这种技术上的相互依赖意味着，一些很难被认为是有理性的参与者们，正在被这一波它们争相操控的全球化和技术变革浪潮，以一种前所未有过的方式裹挟着紧密联系在一起。这使得贸易战在经济上甚至在战略上，都相当于按下了核按钮：这将是一场以相互确保摧毁为结局的战争。

核战略家唐纳德·布伦南（Donald Brennan）在1962年创造了"相互确保摧毁"一词，并于1971年在《纽约时报》上首次公开使用。"相互确保摧毁"一词的英文首字母缩写是MAD（英文单词"mad"的意思是"疯狂的"），这绝非巧合，布伦南这样定义，旨在说明奉行"摧毁"战略是荒谬的。"相互确保摧毁"符合博弈论的纳什均衡原则，即，在两个或两个以上的非合作参与者之间的博弈中，如果双方都知道对方的策略，那么双方都不会从改变当前的策略中获益。处于冷战的背景下，美国或苏联由于潜在的影响都没有动机发动核打击或解除核武装。处于当前贸易争端背景下，这意味着美国和中国都不会轻易偃旗息鼓；全面升级将会玉石俱焚得不偿失，而退缩则无异于把所有权力拱手相让。

本书力图阐释在数字化发展范式下全球贸易背后的国家战略。作者认为贸易的作用不仅在于经济方面，它也是传统军事武器之外可以用来维护国家安全和利益的有效工具。贸易一直都是国家总体战略的一部分。恰缘于此，它一直也是大国博弈的棋子，各国都希望通过操纵贸易以博取战略竞争优势。然而这不是本书所要讨论的全部内容，本书关键论点是，贸易如今已经明确地成为直接军事接触的替代选择。将贸易用作武器，各国过去是欲说还休、遮遮掩掩，现在简直是言之堂皇、明火执仗了。正如美国国家经济委员会（National Economic Council）主任拉里·库德洛（Larry Kudlow）最近在美国进出口银行（Export

Import Bank of the United States，EXIM）发表演讲时所言："你们是金融工具，也是国家安全武器"。

在过去几年里，边缘策略①一直在以美国为中心、而不是以全球多边议程为中心，来重新调整全球贸易均衡。盖缘于此，我们如今一直目睹着权力关系的再磋商与重构，并见证其引导世界向一种新秩序过渡，而彼间，数字技术、物联网以及商业和生活日常的数字化和互联性已经成为现实。这就带来了一系列比全球化更大的挑战。这是一种范式转变，是对民族国家和公民社会二者自身作用的挑战。我们当前目睹的紧张局面给我们敲响了警钟：多边主义在这个新秩序中有着双边主义不具备的好处，而且在贸易的博弈中存在误判的风险——这种风险不仅仅存在于经济上，鉴于贸易与国家安全内在相联系的特性，这种风险也存在于军事上。

在当初写作《贸易武器化》一书的过程中，有个看法变得日渐清晰，那就是，如果我们都沿着目前的道路走下去，后果将非常严峻。国家间日益加重的不信任终将导致一场常规战争的爆发，这并非危言耸听。我们呼吁政治家

---

① 边缘策略是一种处理冲突和对决的策略，即利用"不确定的威胁"，把对手带到灾难的边缘，使其让步。——译者注

们收手，天真而诚恳地建议他们在打开潘多拉魔盒前展示一定的克制。

我们比以往任何时候都更加坚信，我们是问题根源同时也是答案所在。我们这些"侃侃而谈的公知""都市精英""世界公民"，同那些银行、企业、政府、思想领袖一样，本应却未能向我们的读者、客户、委托人和选民解释和传播全球化带来的益处。

"全球化"这个词已经褒贬难辨，变得"有毒"了①。然而，本书认为贸易不等同于全球化。自由和公平贸易自古以来在跨文化理解、出口导向型增长、经济发展和技术获得、医疗保健、教育以及产品和服务等方面发挥了积极作用。人类的经济与社会发展一直都有赖于国家间的贸易与互相学习。

如今，贸易已经和全球化混为一谈，并且使人觉得如果不从国家角度出发，它就会有损国家利益。贸易被视为一种战略和外交政策的一个组成部分，而且是零和博弈。所谓"零和博弈"，是指博弈双方中胜方的收益正好与负方的损失相互抵消，因此使得博弈双方通盘总和收益为零的情形。我们需要参与全球贸易的企业和银行向政策制定者

---

① "有毒"是2018年牛津词典年度热词。——译者注

说明：事实其实并非如此，贸易不是零和博弈，作为外交政策武器，贸易可能是危险的，不仅由它派生的误判有可能导致军事冲突，而且此类冲突恰恰会伤害到那些原本可以从贸易中获益的人们。

人们需要解决方案，而目前政策提供不了答案。与20世纪30年代的情况类似，世界正滑向以极端民粹主义为代表的经济民族主义状态。贸易战不会有赢家。只有把关注的重点放在做好贸易上，确立规则，改进供应链的环境可持续性，建立健全围绕数字共享和数字化贸易的协议，认识并从根本上克服民粹主义带来的困境，才能使我们摆脱目前不断恶化下行的趋势。

贸易是人类生存的条件之一，贸易武器化则与之相违。我们要向人们证明：贸易的本质是多边的，它符合所有人的利益。

01
第一章

择剑而战

今天，我们无法将原则与务实结合起来，也无法在需要的时候进行妥协，这似乎驱使着我们整个政治话语走上了错误之路。事实上，这就导致了一种"极端专制主义"，它令你相信只要大声坚持自己的观点，并且只要坚持足够长的时间，你最终就会得到你想要的结果。抑或使你相信，动员你自己的阵营，比发动他人来得更加重要……

这种极端专制主义不仅存在于英国政治，它在全世界各国政治中都愈演愈烈。我们目睹它在欧洲和欧洲以外地方的极左和极右政治势力中抬头，我们也看着它在国际关系中体现出对抗的性质。有人将国家间的关系看成是一国获益必以其他国家受损为条件的零和博弈，在他们那里，不受规则限制的权力，是唯一有价值的硬通货。

——特蕾莎·梅，2019 年 7 月 17 日

贸易的角色为何变了？

从金融危机以来，贸易世界的构造板块就一直在移动。贸易不再仅仅关乎如何用轮船、飞机和货车把人们从世界各个角落购买的实物或数字形态的商品或服务送达并进行交付。尽管贸易仍然发挥着实现经济目标和促进经济增长的基本作用，但在现代，它也是国家战略中争夺国际影响力和国际权力的武器。

贸易的角色为何发生这样的变化呢？正如特蕾莎·梅在她作为英国首相最后一次重要演讲中明确指出的那样，答案就在于极端专制主义。各个大国越来越不愿意通过常规军事手段来挑战彼此。在2019年6月，据位于美国的军备控制协会（The Arms Control Association）估计，美国、俄罗斯和中国总共拥有13000枚核弹头。因此，"互相确保摧毁"的潜在威胁限制了大国间直接军事冲突的可能。在一个多少有些脆弱的核和平时代，各国面对的挑战是如何保护本国利益并积蓄实力。

这一难题导致各国为追求强权政治不惜采取"一切手段",其特点是通过模糊经济、政治和贸易之间的界线,进而将常规军事力量与网络战和信息战等其他作战手段结合起来。比如,所谓的外国势力渗透影响竞选活动,包括英国脱欧,以及乌克兰的信息战,催生了"混合战争"一词,关于这个概念我们在第六章会详细讨论。换言之,政治与经济手段的传统区分方式已经变得无足轻重,各国都试图调动它们所能支配的一切资源与手段用于追求政治目的。

因而,在这样的背景下,贸易变成了国家战略的最重要的组成部分之一。在第四章,我们将论述,通过关税、制裁、禁运等经济胁迫手段,贸易如何被当作为战略目标服务的硬实力工具。在第五章,我们将阐述,贸易如何通过国际一体化,成为增强国家软实力的工具。一个例子就是中国的"一带一路"倡议,即发展跨境基础设施建设项目,促进邻国经济增长,以防止国际冲突,同时扩大中国的影响力。在第六章,我们将揭示,贸易如何正被俄罗斯以更颠覆性的方式使用着,它提供武器和弹药支持某些政权和叛乱,促使这些国家的经济向战时状态过渡,通过囤积商品和扩大国家军事力量来积蓄未来战略潜能,达到破坏敌对国家利益的目的。

本书主要探讨对新范式的控制权，以及在争夺这一控制权的背景下，各国如何为了各自目的，操纵贸易进行博弈。而这是什么意思呢？首先，博弈本质上是对手之间的竞争。博弈的结果取决于你参与的博弈的类型，你可以采用某种策略来求得胜利，也可以通过削弱对手来巩固自身实力。事实上，本书并不讳言，世界政治精英之间争夺霸权的竞争就是一场博弈、一场权力的游戏。例如，从2015年6月16日宣布参与竞选美国总统起，到2019年的同一天，在四年时间里，唐纳德·特朗普在他的推特里曾经336次使用"战胜"一词，也就是说，大约每四天就提到一次。同一期间，美国时任国防部长詹姆斯·马蒂斯警告说，如果朝鲜胆敢使用核武器，那它就"等着瞧吧，好戏开始了"。

其次，就某个事物进行"博弈"可以看成是利用这一事物来发挥你的优势。字典上对"博弈"这一动词的定义通常是指"操纵某一局面，尤其是以一种不公平或不道德的方式进行操控"。这里再以特朗普的话为例，他言下之意是他认为其他国家（特别是中国）的方式是"不公平的"。在2015年6月16日至2019年7月间，他在他的推特里使用"不公"和"公平"两词分别达到81次和86次之多。

由于认为全球经济体系中存在不平等，引发了特朗普的不满，激发了他强制征收关税的想法。关税措施主要是直接针对中国的，但是所谓的贸易战也影响到了美国传统上的西方盟国。这种"零和的"、追求效用最大化的、"你死我活"的方式属于传统的博弈理论，正是它构成了我们今天所看到的贸易博弈的第三种方式。

然而，并不只是美国战略中存在这样的理念。我们所看到的贸易冲突情形，可以解释为有着不同战略的各个国家（这或可追溯到各国对战略的不同文化理解），会在竞争中采取不同的行动方式。归根到底，博弈理论是要帮助我们了解其他竞争参与者的行为。通过观察某些国家在现代贸易中的行为方式，我们可以洞悉它们正在付诸行动的战略——而我们也该开始制定自己的行动方略了。

博弈论为何适用于贸易策略？

经济学家和政治学家早已把贸易和博弈理论相结合，有关分析已经进行多年了。对于经济学家，研究贸易的博弈，主要是分析一国有多大潜能来克服保护主义政策并且获益。他们的结论是，贸易磋商进程中一国能获益多少，取决于谈判中的另一方国家有可能进行多大程度的反制。相反地，在国际关系中，博弈论主要指的是冲突，而根据某些理论，由于人们和国家之间的价值体系不同，这种冲突被看作是不可避免的。从本质上讲，这就是权力政治中的现实主义/新现实主义理论，在敌对环境中只有获取权力才能赢得生存，这为他们提供了行动的动力。权力在他们的这个理论公式中既是手段也是目的：既是手中挥舞的利刃，也是奋力争夺的战果。现实主义认为冲突和竞争是永恒存在的，因而有必要对最坏的情形未雨绸缪。这通常需要增强军事能力，并在多个权力层面加强战略竞争。

如果这样看待冲突，那么冲突可以在包括经济、军事或文化在内的国家大战略范围内以任何形式发生。行为人会带着打败对方的想法处理协商过程，并且试图通过观望对方行为人的举措来寻求在竞争中胜出的最佳路径。托马斯·谢林（Thomas Schelling）在其1960年出版的《冲突的战略》一书中指出，一国无论是通过经济手段还是军事手段来推行某个价值体系，其战略都将建立在这个价值体系的基础上，而该价值体系本身就可能是这个国家所特有的。这里有趣的是，胜利的定义不一定是绝对胜利，而是相对于价值体系的收益。

为什么贸易博弈会发生在当下？

当我们观察中美较量的时候，事情就变得有趣起来。如果贸易战"有益而且容易取胜"的言论①成立，那么又是什么导致中美两国都不情愿互相妥协，并促使双方陷入消耗战的呢？

关于中美贸易战的新闻报道和评论文章已经盈篇累牍，当然，还有银行界、企业界和政府以及国际货币基金组织（IMF）的经济学家们，他们已经权衡分析了"全面贸易战"对全球发展的各种影响。

然而，所有的经济预测加在一起，也无法得出一个数据，从宏观角度说明贸易战会在多大程度上削弱全球经济。彭博社的经济学家预计，贸易战对全球国内生产总值（GDP）的增速的影响将在2021年达到峰值，使GDP增速降低约0.5%。这是相当于6000亿美元的全球产值的净损失。国际货币基金组织预计短期损失会达到全球GDP的0.3%（2018年全球GDP约为85万亿美元）。这样讲，金额看起来相当大，似乎却只占全球GDP的一个很小的百分比。根据彭博社经济学家的测算，如果向所有与中国相

---

① 源自唐纳德·特朗普于2018年3月2日所发的推特

关的贸易征收25%的关税，美国的贸易额将下降，降幅为GDP的0.5%左右，而到2021年，中国的GDP预计将下降0.8%左右。同样，这在两国数值可观的GDP中占比很小——以2017年的GDP数据为例，美国为19.4万亿美元，中国为12.2万亿美元。

因此，我们需要进一步透过经济数据看本质，还应探寻中国和美国，实际上还包括日本、韩国，以及美国在欧洲和北美的盟国，为何都普遍受到关税和贸易冲突的威胁？实际上这些冲突不完全是和贸易相关的。相反，西方认为这是中国崛起造成的对美国及其盟国霸权的挑战。

在全球化进程的早期，中国的崛起在西方眼里无关紧要。中国的市场规模、成长中的中产阶级以及它所提供的机会——中国不仅提供了商品销售的市场，它还拥有大量训练有素、勤劳敬业的劳动力资源，能够高效地提供金融服务和技术——使得它在金融危机后的快速发展成为可能。中国金融业实际受金融危机影响较小，因为它当时尚未完全纳入全球金融体系中，所以那时体现出很大的好处：它的企业可以继续交易，而在贸易和贸易融资具有指数级增长潜力的市场中，它的银行也可以大力扩充各地分支机构。西方经济学家认为，"新丝绸之路"是南南贸易，将会对北半球造成挑战。

现在看来，我们正在见证着"西西贸易"和"东东贸易"的回归。中东与俄罗斯和中国的贸易，跟它与欧洲和美国的贸易，都在成比例增加。与此相似，非洲与美国和欧洲之间的贸易有所减少，但与俄罗斯和中国的贸易却有所增加。同时，中俄贸易本身也在迅速增长，不仅在石油和天然气方面，而且在通信技术以及包括计算机在内的机械和零部件方面也是如此。

但是，这不仅与货物的流动有关。它还涉及服务的转移以及数字贸易和金融交易向世界不同地区的转移，而这些地区的经济运行方式和创新体系截然不同。

归根到底，当前美国和中国之间的贸易冲突是由于前者对其"现状"能否继续维持下去感到威胁而引发的。对于它认为什么是风险，美国在谈判立场上表达得很明确：越来越多的人对销售和使用中国制造和含有中国自有技术的科技产品是否会侵犯国家安全感到担心，对知识产权"盗窃"以及贸易规则如何执行感到担心。因而，对美国而言，这是一项涉及面更广的战略，远比它的支持者所期望的使用关税手段使中国遵守全球贸易规则或减少美国的贸易逆差更为广泛。

数字技术是关键

金融危机以来,世界经历了一个范式转变。无论是在商业还是在个人生活中,数字技术已经以惊人的速度迅速成为我们日常生活的一部分。今天,在买咖啡的时候,我们更多时候是用智能手机付款,压根儿想不起使用现金。物联网也将快速成为现实。这些都指向一个事实,贸易不再只是安排油轮在世界上往来穿梭,贸易正变得越来越数字化,而驱动贸易发展的支付和结算体系也不必一定存在于银行内部。

在数字技术领域,中国是强大的。中国数字技术已经建立了一个足能与美国竞争的体系,它可以接入 5G 网络,能改善我们智能手机的功能,甚至还可以让我们把家里的水壶设置成在我们下班回家的时候把水自动烧开。在整个亚洲,支付宝和苹果支付难分高下;阿里巴巴与谷歌棋逢对手。

与此同时,美国的政治领导也发生了变化,美国对全球化的态度也随之改变。用《金融时报》记者吉迪恩·拉赫曼的话说,特朗普政府"相信美国在全球经济中的核心作用为本国提供了一系列独有的强制性工具,而这些工具方才略试锋芒"。这是一种处理外交关系的新现实主义态度:权力和规模至关重要。与之对应的新自由主义政治将绝对收益而不是相对收益视为衡量成功与否的唯一标准。

让我们更深入地分析一下这种思想。多年来,自由派精英们出版了《世界是平的》和《民族国家的终结》等著作,构建了一套国际关系理论,这套理论的基本假设是,技术和全球化是良性的,任何博弈过程的自然结果都是互惠互利的,因为选择合作符合每个人的利益。

世界的协作或融合模式与新自由主义对技术力量的解释形成鲜明对比。这里所说的新自由主义指的就是利用自由市场来发展和凝聚技术力量。美国的两位政治学与国际关系学教授法雷尔(Farrell)和纽曼(Newman)提出了一种观点,他们认为,每个人都在协同工作的想法无异于痴人说梦,反而,是技术以及技术内含的驱动学习的算法,创建了相辅相成的权力"节点"。这些权力节点主要集中在美国所把持的金融和互联网体系的"相互依存关系"中。它们也可以被"武器化"——美国有能力关闭对整个信息系统的访问。随着这些网络变得越来越集中,美国的权力也越来越集中。军事实力只是其中的一部分,在没有硝烟的战场上,贸易或技术武器代替了军事力量。随着中国在贸易与技术领域跬步千里地发展,这里终将会成为真正的战场。

这就是为什么说我们现在处于世界经济和外交关系演变的危急关头。当前的冲突根源既非贸易,也与技术或军事力量无干。相反,它是对自金融危机以来已经出现的新的"技术-经济范式"的控制权之争。

这是什么意思呢?简而言之,它是关于技术在发展和演变中如何保持连续性的观点。当人类对自己所已经拥有的事物感到不满意,他们就会寻求发明新的事物。这就是熊彼特(Schumpeter)的"创造性破坏"理论,这是资本主义通过企业家精神和创新进行自我改进的机制。专门研究技术与社会经济发展的英国学者卡洛塔·佩雷斯(Carlota Perez)将这一理论代入国际关系和政治舞台,她认为,随着技术的发展,它开始渗透到社会和经济中,甚至渗透到国家的监管结构中。它开始改变我们做事的方式,并且确实演变成为一种新的"技术-经济范式"。

通常,历史上每隔40到50年会出现一个范式的更迭,随着上一个范式的终结,新的范式开始出现。就目前而言,这意味着数字化本身代表着一次新技术浪潮:这项技术正在遍及社会、经济和政治生活的各个领域。历次技术浪潮中存在一些共同的特征：大型公司将新技术物质化，并成为该项技术的化身，例如今天的脸书、亚马逊、谷歌和阿里巴巴；新的全球监管结构随之出现，例如金融危机之后的《巴塞尔协议III》和《巴塞尔协议IV》；社会动荡和劳资纠纷将变得日益频繁。

让我们仔细考虑一下这个问题。仅仅因为这个过程是进化的，并不能确保它一定是顺利的。虽然在金融危机之前很早就开始出现了数字化技术，但在金融危机之后，数字化技术的发展确实大大加速了。技术浪潮冲击之下，社会和经济产生的剧变，即便不造成冲突，也注定会造成混乱。

因此，我们可以将民粹主义视为对这次技术变革的一种反应。在即时通信和购买力的虚拟世界中，个人是至高无上的，拥有与他人同等的权力。这就产生了一个不确定性的世界——所谓"历史上最大的关于无政府状态的实验"——它创建了一个完全"不受地面法律真正约束"的系统，并构成了"世界上最大的未受管制的空间"。然而，在现实世界中，个人会对工作缺乏安全感，觉得实际工资水平没有提高而负债却增加了。鉴于虚拟与现实两个世界之间的这种脱节，毋庸置疑，世界各国主流政治都陷于危机之中。

贸易大博弈如何激发了民粹主义?

这个问题让我们回到关于贸易的讨论上。在这个瞬息万变的世界中,社会动荡很可能会威胁政治家的地位,政治家的工作就是建立稳定的就业基础,确保那些无法积极参与劳动力市场的人们获得福利,确保医院和学校拥有充足的资源能为社会培养健康、高技能的劳动者,保障国家的和平与繁荣。然而,自金融危机以来,选民们的失落感和不满情绪高涨,这时候还有什么能比"零和"规则更简单的说法可以缓解他们的不安?我们将出口更多。他们将减少出口。我们会赢。他们会输。外交和国内政策立即全部统一到一个核心议题上:通过控制国际贸易,在国内创造就业和保障安全。

这些国家这样做的必然结果,就是我们在英国脱欧和美国的"让美国再次强大"(Make America Great Again,MAGA)运动中看到的经济民族主义。曾经的贸易伙伴和军事盟友都已成为"敌人"。通过在贸易冲突中使用好战的言辞,政治家们营造了一种民族自豪感。他们强化了敌对的立场,并宣扬通过贸易获取更大的实力和影响力既是可行的,也是合理的。这就是贸易博弈的精髓所在。

许多人都认为英国脱欧和"让美国再次强大"的口号都是不理性的，而且博弈理论在这里也不适用，因为那些领头冲锋陷阵的政客们并没有明确的纲领，还总是出人意料地不断出尔反尔。凌晨三点发推文宣告外交政策或威吓对手，这种做派令人不禁怀疑领导人对贸易之争是否足够谨慎，谨慎的策略至少包括了解对手以及预判对方反应，以便为本国找到可能的最佳解决方案。

这样的看法未免天真。美国宪法确保国家由三权分立的国家机构管理。虽然总统有时确实表现很不够稳定，但政府，特别是罗伯特·莱特希泽（Robert Lighthizer）领导下的贸易谈判官员并非如此。后者外交政策的基础是新现实主义，也就是说，权力就是一切，国家将根据自己的利益采取行动。由此产生的政治信条是新自由主义：不惜一切代价在自由市场上取胜。

同样，2019年6月对英国保守党成员进行的一项民意调查显示，尽管自英国脱欧公投以来已经引发了宪法危机，尽管宪法危机有可能严重到导致英国解体，但仍有63%的保守党人支持英国脱欧，即使由此导致苏格兰离开英国也在所不惜；如果脱欧会使北爱尔兰也脱离英国，脱欧的支持率将下降到59%。此外，有61%的保守党人认为，即使会对本国造成经济损失，英国也必须脱欧；甚至有54%的保守党人强烈支持英国脱欧，即使自己的政党因此遭到覆灭。

对于大西洋两岸的自由派精英来说，这似乎是不合情理的。但是理解在此情景下"胜利"意味着什么是非常关键的。如上所述，如果一场博弈的结局对某一方的核心价值观有所增益，他便是博弈的胜方。价值观可能是任何东西，从协同与合作的愿景，到我们当下所看到的那种对控制权和影响力的追求与渴望，都是价值观。

重申一下，我们这里所说的控制权和影响力并不完全是指贸易方面的。美国霸权正受到中国崛起的挑战，就像它在二战后受到苏联军事力量崛起的挑战一样。对军事霸权的渴望当然依然存在，但正如核威慑创建了一个符合各方利益的脆弱的均衡，当前贸易和金融冲突的威胁也遏制了美国或中国贸然采取过激行动的冲动。

之所以会出现这种情况，是因为中国的影响力正日益通过其社会、金融和经济活动，向全世界交织延展扩大。这被"国家民主基金会"（National Endowment of Democracy）称为"锐实力"：它既不是软性的、文化方面的实力，也不是硬性的、军事方面的实力，它本质是依赖传播机制而获得的影响力。这是对西方利益的直接挑战，它不仅来自中国，而且来自俄罗斯。

本书将超越所谓"软实力""硬实力"或"锐实力"的概念，我们将要讨论的是"范式实力"。国家的范式实力体现在不仅能控制军事、文化和思想领域，还能控制数据和数字世界，即控制新的技术–经济范式本身。

这种差别是很重要的，因为它将较量的区域从物理空间扩展到了数字与数据空间。回到两位美国国际关系学者法雷尔和纽曼的说法："跨国网络并没有使世界变得扁平，而是导致了一种具体而可见的权力不对称配置。"也就是说，那些在数字维度上运行的数据流本身就可以用于权力之争。一些理论家认为，伴随着全球化的进程，信息与计算技术的发展会给世界带来跨界合作的可能和机遇，但事实恰恰相反，由人工智能和数字策略驱动的新技术，更倾向于加剧争权夺利的斗争。

法雷尔和纽曼以"环球同业银行金融电讯协会"（SWIFT）的轴辐式金融信息传递系统和互联网为例，来说明这种不平等现象是如何被激化的，以及权力是如何更被集中化的。他们指出，原因就在于这些系统中的算法，这些算法的设计初衷是更好地进行分配，但是实际上它们造成了权力在现有节点周围的聚合，令强者更强、弱者更弱，这样就可能使权力更加集中化。让我们举例进行说明，"环球同业银行金融电讯协会"（SWIFT）的金融电讯系统是当前国内国际银行间安全有效传递信息的标准手段。美国发现这个金融电讯系统中的某一些信息与总部位于伊朗的银行有关，就因此判定与这些信息所关联的贸易行为可能违反了对伊朗制裁的法令。在美国政府施加一定压力之后，SWIFT为了确保可以继续保留美国这个大客户，保留与美国及其相关的更大客户群继续进行交易的可能，关闭了其在伊朗的金融电讯服务。

换句话说，由于金融信息和互联网数据在美国集中度很高（英国次之），因此类似SWIFT这样的国际组织会迫于大国压力而调整其策略，以确保他们可以继续开展业务。当前，这是美国范式力量的重要来源。尽管中国在这一领域的涉足未深，但俄罗斯中央银行最近加入了中国的"人民币跨境支付系统"（Cross-Border Interbank Payment System，CIPS），这一事实表明，国际贸易及其银行结算存在着日渐成熟可行的替代方案，而且绕过美国主导的对伊朗制裁也将不成问题。

按照法雷尔和纽曼的观点，美国的主要权力来源是对这些相互依存关系和网络的控制，实际上是对SWIFT组织及其全球银行同业间金融电讯网络和互联网的控制。正如我们在对伊朗制裁的案例中所看到的那样，美国要求SWIFT做出艰难的选择：要么将金融电讯系统对伊朗保持开放并与伊朗一起遭受制裁，要么对伊朗关闭金融电讯系统并与美国保持一致。同样，在互联网和安全方面，美国也要求其他国家做出选择：要么与华为合作开发你的5G网络，要么继续与美国合作。对英国而言，这意味着继续留在"五眼联盟"安全框架内。"五眼联盟"是一个共享情报机制，是在冷战期间出名的。该联盟成员包括澳大利亚、加拿大、新西兰、英国和美国；美国政府已明确表示将不会使用华为技术，从而将物理安全和情报共享与贸易和知识产权联系起来。新现实主义是显而易见的：范式力量就是一切。

中国并非对此无动于衷。在美国施展这些手段的同时，中国正在推广其"一带一路"倡议并提升自己的技术能力。中国的交易和支付系统跟美国的系统发挥的作用是一样的，两个系统是各自独立的、并行的且同等的。与美国的系统一样，中国的系统完全拥有以相同的方式来聚合权力的能力。不过，就金融而言，中国明显的"核弹级别"的选择是出售它所持有的价值1万亿美元的美国国债。当然，这意味着全球金融体系将会随之崩溃。但是如果惟其如此，中国才有可能继续发展它的技术，那么谁又敢肯定中国不会使用这个武器呢？

本书的结构

贸易在世界上的作用已经改变。它不只是增强国家竞争力或比较优势的手段，也不只是创造经济财富和机会的方式。当前，贸易本身已成为"不惜一切手段"的外交政策的有力工具，被各国用在争取范式实力的斗争中。这种实力由对新兴的技术－经济范式的控制权构成，这种新范式在德国被称为"工业4.0"，即第四次工业革命或数字时代。这种范式以控制信息和数据为关键，以"硬实力""软实力"和"锐实力"相结合为特征，可以使国家以多种不同方式发挥影响力和威慑力。这场范式权力斗争超出了地缘政治范围，因为它不仅是争夺土地和资源的斗争，还是争夺数据权和信息权的斗争。它所使用的武器是极其危险的，危险到足以影响世界的和平与稳定，影响全球经济安全和环境可持续性，而它最大的危险在于，一旦全球经济体系崩溃，全世界人民的福祉也必将付诸东流。

至此，有些读者可能已经觉得问题真够令人头痛了，迫不及待想喝一杯威士忌或来上一片阿司匹林。在这个令人颇感前景黯淡的时刻，不妨再提醒一句，我们方才仅仅论述了在大国之间如何以及为何进行贸易的博弈，尚未提出任何战略建议。

本书写作的目的是试图给人们一些希望，他们是这个危险的大国博弈中最受伤害的对象：那些每天工作14个小时艰难维持生计的贫困者，那些衣不蔽体赤足挣扎在上学路上的孩子们，那些被席卷全球的裁员潮、企业倒闭潮折磨得身心俱疲的上班族，那些在瞬息万变的资本市场上与不确定性苦苦抗争的投融资者……如果包括欧洲联盟（EU）和世界贸易组织（WTO）在内的国际社会能够表现出当前迫切需要的领导才能，我们就有可能摆脱本章开篇引用的特蕾莎·梅所描述的那种极端专制主义。

如前所述，由于"全球化"一词已变得褒贬难分，甚至可谓是"有毒"之词，我们将尽量避免过度使用它。而将我们的观点代之以如下表述：支持缓解当前紧张局势，支持通过贸易实现国际安全和经济共同增长的多边主义战略。我们认为这是摆脱当前各国深陷其中的恶性循环的一种方法：缓慢的增长导致人们普遍对政治家失望，社会充斥不公平现象和不满情绪；反过来这助长了民族主义和极端专制主义在处理经济与政治问题上的吸引力；继而不可避免地带来贸易保护主义和不确定性；最终导致并加剧经济增长放缓。因为这是一个全球性问题，我们只能一起努力才能从中解放出来。

本书最终目标是制定一项多边战略，以解决通常在国家层面处理的那些问题，例如恐怖主义、网络安全、经济福祉、全球地位、环境政策和增强社会包容性。我们认为，这项多边主义战略对于制衡目前左右政策走向的新自由主义至关重要。

也就是说，我们并非旨在批评本书中用作案例研究的任何一个国家或贸易集团。我们必须承认，这些国家或集团之所以采取现有立场是有其理由的。

本书第二章，我们将分析世界贸易的现状。在第三章，我们提出了贸易具有战略性和博弈性的观点。在接下来的章节中，我们将以此为出发点，对美国、中国、俄罗斯和欧盟正在开展的贸易博弈进行更深入的分析和解释。我们的核心论点是，美国已经有效地将贸易变成了军事战略的武器，但就其贸易战略的深度而言，仍落后于中国和俄罗斯。

现在最大的风险是某些国家贸易武器化的做法对其他国家的外交和国内政策产生了影响。美国警告其盟国不要与华为合作，而中国与欧洲在2016年开始的战略合作关系现在正在减弱。美国对中国、日本、欧盟以及英国的谈判立场保持不变：重点是减少贸易赤字，增加农业和制造业的出口，以及禁止对方操纵货币。换句话说，如果美国看到其他国家中央银行操纵货币的证据，则可以在不参考世界贸易组织规则的情况下对其进行贸易制裁。

欧盟陷于三个大国之间，并且自身内部也挑战重重。它的贸易地位和供应链都十分强大，推动了区域内和跨区域贸易的发展，而且它一直关注重要战略领域的发展，例如工程、制药、航空航天、汽车和电子领域。但是，欧盟受制于欧洲地区本就支离破碎的政治一致性，还有自身不尽如人意的防止贸易或技术冲突升级的能力。这种状况能否得到改善取决于它内部有多强的妥协与合作愿望。在乌尔苏拉·冯德莱恩入主布鲁塞尔成为新一届欧盟委员会主席之际，欧盟需要认识到，它对美国、中国和俄罗斯之间紧张关系的回应，将决定它在各国未来许多年外交政策中的相关地位。欧盟对欧洲核心价值观和共识政治的承诺是被看好的方面，其战略必须在此基础上继续发展，同时它还必须认识到它的那些"不可靠的盟友"很可能正在把贸易争端当成零和游戏。欧盟是监管"超级大国"：它应该确保这成为它的优势而非劣势。

我们在本书的结尾提出了关于国际战略的建议。我们认为很难设想存在那样一个世界，在那里，我们可以毫不考虑他人的行为，不惜一切代价去赢得胜利，即使这意味着损害穷人、受排斥群体和心怀不满群体的利益。这样的做法就是赤裸裸地、无耻地维护核心利益。我们关注对数据和替代性货币进行更严格监管的需求，我们支持自由贸易，并敦促加强对可持续贸易的关注。世界贸易组织迫切需要改革，而企业需要更多的经营自主权。最重要的是，我们坚信，摆脱这场危机的唯一方法就是与民粹主义作斗争。而这需要加大可持续投资，还需要世界各国领导人在商业和政治问题上秉承谦逊品质与共同责任感。为了使多边主义获胜，抑或达到一种稳定的均衡状态，需要各国在各自的博弈中采用双边主义的策略。

第二章

权力角逐

当今,以及即将到来的时代里,所有大国都希望避免彼此发生大战。但是在不引发大规模战争的前提下,它们为占据主导地位所进行的斗争不可谓不激烈。它们会开展强制性外交和进行军备扩张。它们可能对较小的国家使用武力,也可能相互间进行有限的代理战争。在这个经济、技术和政治相互依存的世界上,它们将发现并利用彼此的弱点。

——托马斯·J. 赖特(Thomas J. Wright),2017 年

正如前文所述，世界在全球化进程中已经变得相互依存，主要经济大国为了维持和建设自己的影响力，正在进行激烈的战略竞争。但全球化不是本书要讨论的。弄清楚这点很重要，因为本书旨在说明为什么应该关注贸易世界。贸易是指商品和服务在边界内和跨边界的流动。这是企业的职能所在，也是银行和政府机构通过提供资金与支持来促成的。全球化在当前的最新表现形式则"完全是关于信息的，是关于如何处理并传输以电子和光子形式存在的所有信息"。虽然全球化进程可以被看作当今发展贸易的背景和现实，但它本身并不是贸易。

在这个世界上，权力就是一切。声称有"新"事物正在发生，这是挺有诱惑力的，很多人就常这样做。但实际上，任何变化都是人类社会存在的普遍现象，是更广泛的进化。随着人类与周围世界关系的发展和转变，他们创造了新技术、新组织形式和新政治来使他们获得控制权。这种转变是理所当然的。通常，比观察单个时代更有趣的是观察世界如何在两个时代之间转化。

认识到我们的世界正处在两个范式之间的过渡阶段很重要，能帮助我们理解现阶段为什么会出现各国角逐权力、争夺战略竞争优势的紧张局面。正如赖特[①]所说，"历史表明，在新范式的初期，尤其是在涉及战略竞争的新范式中，不稳定是最大的问题"。当前我们正处于新的技术－经济范式的边缘，经济体系、金融管制、数据资产和军事力量，所有一切的安危都系于一线，因为所有这些都是由数字化进程和数据的传输转移所驱动的，而不像过去仅仅关乎人、金钱和理念。

这就是为何现在我们会目睹战略博弈在国际舞台上演。在冷战期间，民族国家及随之而来的一切，包括超级大国之间的紧张关系、军工复合体和核威慑力量等，都易于表述。两极世界秩序意味着竞争是二元的且明确的：美国和苏联谁也不会退缩，但它们谁也不会使用核武器，因为那意味着"确保相互摧毁"。但是，在没有任何一方能够"获胜"，但双方有可能形成某种形式的稳定和确定性的情况下，它们之间可以达到一种均衡状态。

---

① 托马斯·J. 赖特，布鲁金斯学会国际秩序与战略项目的研究员和主任，著有《除了战争之外的所有措施：21世纪的竞争和美国力量的未来》等书。——译者注

苏联一解体，战略权力关系马上发生了变化。冷战结束后，伴随着"旧"全球化，信息、人员、思想和金融实现了自由跨境流动。从表面上看，这在很大程度上是由互联网和信息计算技术的提高促成的转变，它使国家之间的边界变得不再必要，甚至可能不再相关。

但是，正如诺贝尔经济学奖获得者斯蒂格利茨（Stiglitz）在2003年所论述的那样，全球化"在向民族国家提出新的要求的同时，也在许多方面削弱了它们应对这些要求的能力"。世界各国经济日益紧密的一体化给企业赋能，使之能够进行跨境资本优化和劳动力流动。而这促使民族国家为了保障其经济安全，哪怕仅仅是为了支持本国企业发展，也不得不采用多边主义的态度，这就令国内不平等现象加剧，而让像中国和韩国这样的国家得以成为世界贸易体系的新进入者，并且从中获得了经济实力。

实际上，在"旧"全球化时期发生的事情，简而言之就是美国成为了霸主。大部分贸易是以美元进行结算的。权力从民族国家和军工复合体转移到民用企业，尤其是那些高效的、大型的全球性的公司。事实上，这一阶段的独特之处在于，它是由民用技术和民用市场主导，而不是由军事技术和军备需求主导的。随着企业充当起竞争的主力，创意和知识资产开始自由地跨国界流动,使民族国家认清现实,纷纷认同了合作的游戏规则,这样做,虽不能企及最理想的结果,但能尽可能争取最好的结果。当然,这些有全球影响力的企业中许多是美国公司,美国民族国家的力量已深深根植于代表其国家技术水平的大企业中,因此美国显然是经济上的赢家;美国在战略上也是赢家,但对此是有争议的。

竞争焦点从军事实力转到民用科技并给民族国家带来了挑战,是我们目前正经历着的转型波折和战略冲突的核心根由。在过去的30年中,俄罗斯和中国之所以会与"自由民主模式"共处,是因为这样做符合它们的最大利益。游戏方式很简单:拥护自由主义,欢迎生意往来,发展依存关系,因为你会学会规则。即使这些国家在一开始无法取胜,但它们终将学会如何取胜。

技术–经济范式研究路径有助于我们现在了解当前转型过渡的性质,弄清它如何影响国家实力,以及如何因此影响了贸易。我们正在进入一个新的世界,在这里,信息和对信息的控制权将决定谁是国家间战略竞争的赢家。造成这场战略竞争的是技术,是在背后为经济活动包括贸易活动提供支撑的技术。科技正渗透到我们生活的每个领域:

有多少次你撞上了和你一样在人行道上边走边读手机即时通信或微信的行人？即使在度假，你对智能手机WiFi信号的依赖程度减少了吗？与五年前相比，你的口袋里现在装有的现金是多了还是少了？这种对技术的依赖，不像地震海啸般地猛烈冲击而是潜移默化地改变着我们。仿佛昨天，我们还会趁着家里的电脑缓冲上网的当口，在厨房亲手给自己煮杯咖啡；转眼如今，我们无论身在何处都可以掏出手机，指令家里的水壶开启煮咖啡程序。这种过渡是无缝的，我们几乎没有察觉到，而它一直在进行着。

但是这样的过渡并非没有冲突，冲突就在我们眼前上演着呢。是谁拥有——而且更重要的是——控制着你每次敲击键盘或滑动屏幕时生成的数据？与交易中的商品和服务相比，我们交易中的信息是否更多？这些信息资产是如何定价的？又是怎么被支付的？是谁拥有给这一切赋能的云技术？

权力的本质正在发生真正的转变。直到2015年，英国著名国际关系专家蒂姆·马歇尔（Tim Marshall）在他的重要著作《地理的囚徒》（*Prisoners of Geography*）中指出——地缘政治，顾名思义，是决定国际间事务的机制。马歇尔认为地理问题很重要："地理格局禁锢着领导人，他们的选择和回旋余地比你想象的要少得多。"因此，一旦领导人不再局限于地理空间上的土地和资源的争夺，而开始在网络空间里争夺对电子贸易路径和数据流的控制权，事情会如何变化呢？

答案当然是那里也存在冲突。随着机构、社会和经济的互动以及隐私权和法律都变得不透明，我们已经认识到了这一点。在先前的范式中，我们已经经历了行业动荡。而现在，我们看到了民粹主义潮流。我们曾经目睹了政府对银行监管的加强；而现在，我们注意到非银行企业纷纷启用了数字支付，但对它们的监管却仍然缺失。我们曾经担心搞丢身份证件，而现在，我们担心身份被盗用。我们曾经以为俄罗斯和美国之间会发生核冲突，而现在，我们看到中美正在进行贸易战。

这场冲突是关于权力的。自苏联解体以来，国际上的权力格局就变得同民族国家的角色一样混乱不堪。第二次世界大战后，随着现实主义思想的普及，人们认同使用军事硬实力来定义国家权力，而美国和苏联是公认的核心强权。尽管俄罗斯拥有大量的石油财富，但在商业发展与金融服务方面，1990年后的俄罗斯，无论是在文化上还是经济上，都不再具有与美国分庭抗礼的实力。而中国，直到

2001年加入世界贸易组织后，才算名副其实地进入国际市场。如前文所述，俄罗斯和中国都乐于向主导世界秩序的以美国为中心的经济自由主义学习。但是西方国家可能低估了它们，没有料到它们会给西方带来什么样的后果。

自全球金融危机以来，权力关系发生了变化。中国目前在贸易方面比美国更强大，而德国已经下滑成为第三大贸易国。中国还有一项综合战略，即利用它的大企业，利用与其他国家在地理及经济上的关联关系，以及本国规模虽小但仍强大的军事力量，把"一带一路"沿线和自身技术影响力能及范围内的国家和地区，整合纳入它的国家关系网络。俄罗斯则加强了军事力量，并辅以混合战略的支持，该战略将网络威胁、宣传攻势和数字媒体渗透与常规力量结合在一起。美国通过军事手段以及越来越多的贸易干预手段来维持其强制性的权力路线。这些不同的战略反映了各国在处理国际关系问题中对权力的不同看法，以及进行权力博弈时所使用的不同的时间尺度。

因此，在相互依存的时代，权力并不像以前那样简单明了，这反映在我们所看到的各国战略的复杂性中。竞争中用来胁迫对手的工具也不尽相同。为了获得权力，有关国家选择了不同路径，并使用不同的手段，时而欲一招致胜，时而却多管齐下，确实复杂而多变。

硬实力和软实力之间的界线开始变得模糊。比如，同一个半导体元件，在某个国家它作为工业品被出口，而出口贸易属于硬实力范畴；另一个国家将它进口，并用在计算机网络上，网络安全则与软实力相关。再比如，朝鲜在 2007 年至 2008 年之间，所进口的与核物资有关的军民两用商品高达过去年度的三倍，这些商品据称被用来改进民用 X 光技术。果真如此的话，朝鲜在这一年后宣布复兴核计划并进行了大型地下核试验的事实，或许只能说是巧合吧。在这个模糊的框架内，两用商品，或者更确切地说，既可用于军事目的又可用于民用目的的商品，值得受到关注，因为它们的最终用途可能是良性与无害的，但同样也可能是危险而有害的。问题的关键在于如何使用它们，而不在于它们究竟是什么。

这正在创建一种新的范式，它部分是新的数字技术，部分是不同类型的权力（包括硬实力、软实力和锐实力）的交集。例如，美国拥有世界上最强大的硬实力，而它在经济与文化方面的软实力也与之相得益彰。中国渴望拥有最强的软实力，并正在建设着自己的硬实力。俄罗斯的软实力无法与美国或中国相提并论，而它的军事实力则令人畏惧。至关重要的是，所有国家都重视锐实力的竞争，这就是对信息、数据流和资金流及其使用的控制。实际上，上述这三个国家都在硬实力和软实力的交集处采取行动，但力图争夺的是所有三项实力范畴内的主导地位。我们称其为范式实力，如图1所示。

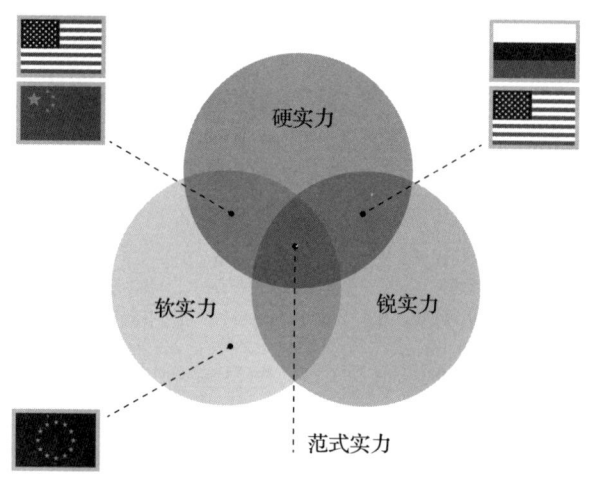

图1 模糊的权力边界及范式实力之争

俄罗斯拥有硬实力，这是它冷战期间作为超级大国留下的遗产。它涉嫌幕后操纵美国大选和影响英国脱欧公投结果，从中我们看到，俄罗斯也具有锐实力。尽管俄罗斯当局否认了这些指控，但它涉嫌此类指控的事情本身就说明俄罗斯所积累的锐实力已经是不言而喻的存在了。然而，俄罗斯没有软实力，可它正在与中国建立经济和政治联系，我们不妨将这看作基于利害关系的考虑，俄罗斯的目的是借此参与控制新范式的竞争。

同时，贸易正被各国战略性地用于建设国家实力基础。这个目的是通过两种贸易武器化的形式来达到的：言辞上的和行动上的。武器和军民两用商品贸易的增加明白地揭示了战略贸易行为的实际存在。图2显示了自美国改变其外交政策立场以来，武器贸易的增长发生了多么显著的变化。

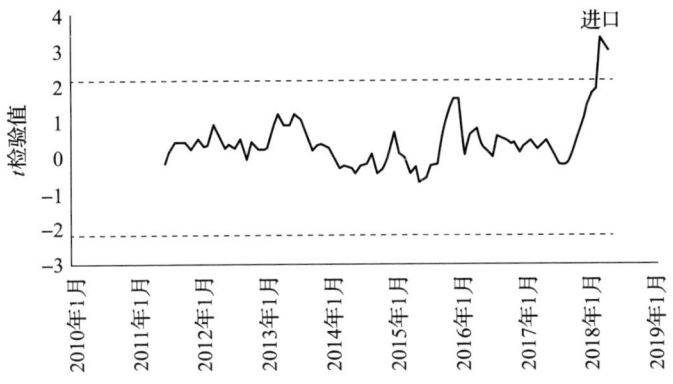

图2　以 t 检验显著性衡量的武器贸易增长（两个标准差以上），
2011年6月至2018年2月

数据来源：科氏技术公司（Coriolis Technologies），2019

该图显示，2018年2月以后武器贸易增长的年度平均值，比2011年6月至2018年2月期间历史平均水平高出两个标准差以上。从2017年中期到2018年2月，武器贸易量的急剧上升是多重因素共同作用的结果，期间不仅美国批判他国的言辞更加激烈，它和与俄罗斯接壤的欧洲国家及波罗的海国家以及世界其他国家的武器贸易同期也在增长。例如，芬兰、挪威、瑞典、土耳其和澳大利亚以及美国这一时期的武器进口大幅增加。同时，中国、美国，以及有趣的是加拿大，则大大增加了武器出口。这表明在我们所研究的时期内，战略局势明显紧张，而这可以看作是对一些重要事件的直接反应。比如，俄罗斯在与波罗的海国家交界的边界地区集结军事力量。挪威、芬兰和瑞典在此期间都制定了明确的政策，以加强边境安全。在北大西洋公约组织即北约（North Atlantic Treaty Organization, NATO）的主持下，加拿大增加了对乌克兰的武器出口。

用好战的言辞来叙述贸易已经在每天的新闻里司空见惯了。图3显示了，随着全球外交政策立场的转变，在新闻和社交媒体中，我们观察到的与"贸易"相关的语象变化。在2017年期间，与关税有关的言辞较为温和，通过诸如"保护""伤害""恐怖""非法"和"大规模"之类的词，尤其把美国描述成了"受害者"。但到2018年年中，我们可以看到在贸易报道中，更多此类语言被使用，而且语气越来越强硬，像"关税""伤害""保护""不公平"和"大规模"等词语更频繁地占据热词榜。而被使用的最高频热词是"战争"。

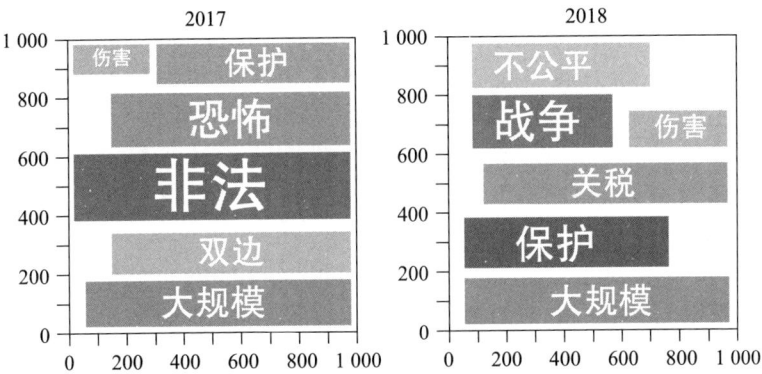

图3 2017年1月至2018年6月，社交媒体和新闻推送中有关贸易的报道里使用的好战言辞的语象分析

资料来源：科氏技术公司（Coriolis Technologies），2019

研究方法：对2017年1月至2018年6月之间的社交媒体和新闻推送上的新闻内容进行网络抓取和语象分析。图中方框的不同大小反映了每个时间段内报道中使用的与语境相关的各个热词的频次高低。请注意，研究中使用的是2017年的全年数据，而2018年的数据则截止到6月份。

除了世界在过去几年时间里变得更加紧张之外，这个分析还告诉我们两件事。首先，在研究期间内，武器贸易呈上升趋势。这与2017年和2018年俄罗斯与波罗的海邻国的紧张局势直接相关。但是同期澳大利亚的武器和军民两用商品贸易量也显著增加。在特朗普政府执政初期，中国在亚太地区采取了一些行动，可以说是在对美国的亚太战略进行试探，这是一种经典的"知己知彼"的做法，而澳大利亚的战略也是如出一辙。

其次，分析告诉我们，从语言修辞的角度来看，美国自从《国家安全战略》（National Security Strategy，NSS）发布后，就把战略重点放在贸易上，与贸易有关的言辞也变得更加犀利。这可以单纯从博弈论的角度来解释：美国的做法是一种个人主义做法，核心是假设自己能够赢得胜利。它的行为是理性的，因为它认为所有的权力之争，不管是技术、经济、金融还是军事上的，自己获胜是毫无疑问的。因此，威胁和胁迫就能奏效，根本无需直接采取军事行动。与联合国和中国达成共识，对朝鲜进行制裁，就是它这种做法的佐证。尽管对方存在挑衅，美国对朝鲜以及2019年6月间伊朗的局势都缺乏军事干预，这表明它对军事冲突确实没有兴趣，即使求胜的愿望始终不变，美国也一直在利用其他武器来达到这一目的。

简而言之，我们曾经了解游戏规则，但是在多极多维的现代世界中，这些规则变得更加复杂陌生。我们所知道的只是，我们正在目睹一场权力之争，而且目前看来各方根本没有妥协的打算。实力就是威慑力。贸易成了博弈对象，成了武器，也成了战略。贸易摩擦是一场更大冲突的替代，影响范围很广，与贸易有关的冲突一旦升级或被误判,将会造成深远的影响。

金融"地面部队"

不容忽视的是,银行业和金融活动一直是权力斗争的中心。从来金融体系都是全球经济体系的核心,控制金融体系,不管是在国内还是在国际上,都是通向权力的必由之路。贸易之所以成为不断升级的冲突的焦点,根源也在于此。贸易冲突营造了某种程度的民族自豪感,更重要的是,它动用了金融体系,使之服务于一个国家目标,譬如说,促进本国的出口。前文已说过,将贸易用作战争武器不乏先例,其实动用金融体系来打贸易战也不鲜见。

现实中也是如此。用一位资深银行家的话说:"我们看到紧张局势正在升级,尽管有关国家政府普遍不愿采取可能缓和这些紧张局势的关键举动。"政府可以介入的方面包括:关注交易透明度和可持续供应链、避免环境破坏、客户尽职调查(Know-your-client, KYC)和反洗钱(Anti-money-laundering, AML)监管,等等。政府还在规范技术部门及防范技术对金融领域的不当入侵方面不力。这位银行家认为,事情现状是政府坐视不管,成本和责任正在转嫁给银行。

可以说，银行是在一个贸易已被武器化并被赋予了战略性质的新世界里运营了。认识到这点很重要，因为银行在贸易体系里是重要的参与者。全球贸易中大约价值9万亿美元是由银行以银行贷款、信用证、结构融资形式，抑或是由政府拥有的出口信贷机构以担保、贷款和保险形式，提供直接融资的。这些交易占到世界贸易总额的45%。

这个数据告诉我们为何银行会对贸易中固有的政治和经济风险感到担忧，以及为何银行会关注贸易战幕后的民族主义权力角逐。最关键的是，它们需要了解贸易战所使用的武器。作为贸易的主要融资来源，不论贸易摩擦是以制裁、关税或其他任何形式发生，银行已经被卷入冲突，无法自拔。例如，过去10年间银行合规职能的增加，说明了银行所面临的监管、经济和风险环境的复杂性。随着各国进入新的技术-经济范式，银行现在已经被默认为国家间权力斗争的一部分。

简而言之，正如前文所述，银行是"战略性工具和国家安全武器"。贸易融资领域越广，潜在损失越大，损失既有财务上的，也有声誉上的，还有行为上的。除非银行在制裁框架内开展业务，否则就会被处罚。这不但破坏了银行业自金融危机以来为保护零售银行业务以及"让人们重新爱上银行"所做的一切工作,一位银行家如是评论;而且这要求看起来还高不可及,在贸易制裁之下动荡莫测的环境中,几乎不可能完全达到。

自金融危机以来,贸易融资一直处于困难时期。首先,无论从金额还是从数量上来讲,贸易都没有足够复苏,无法超过危机前的水平。尽管在2017年间石油价格开始恢复,使人们对贸易和全球经济产生乐观态度,但在2018年和2019年初都没有实现世界贸易组织或国际货币基金组织所期望的贸易增长指标。加之低收益率和宽松的货币政策,给贸易融资业务保持盈利带来了很大压力。

再者,自从2012年数家银行爆出合规丑闻之后,各国对供应链透明度的关注加强了。尽管统计口径有所出入,但从金融危机爆发到2018年底,全球监管机构因尽职调查或反洗钱不力及违反制裁条款原因对银行处罚了大约260亿美元的罚金。截至本书写作之时,仅英国金融行为监管局(Financial Conduct Authority,FCA)就开出了超过3亿英镑的罚单。而这尚不包括渣打银行(Standard Chartered)因在合规报告方面违规而需向美国监管当局支付的9.47亿美元罚款。

供应链正变得越来越复杂，这是两种因素造成的，一是数字贸易，二是价值链中的元配件在组装成最终产品之前已经多次跨越国界。要了解制成品销售发货去向之外的整个供应链细节，在乐观者看来是非常棘手的，在悲观者看来是根本就做不到的。

在成本和合规压力之下，银行纷纷压缩中小企业（small and medium-sized enterprises，SMEs）信贷业务，转向支持大型企业。因此，中小企业存在巨大贸易融资缺口，根据亚洲开发银行（Asian Development Bank）的统计，中小企业通过银行信贷可获得的资金与其实际资金需求之间相差1.5万亿美元。

尽管各类金融科技公司层出不穷，贸易融资缺口却一直存在，这自有其原因。这些金融科技公司越来越多地开拓市场，可结果却不尽人意。它们不是银行，不像银行一样受到严格的监管。由于不受监管，金融科技公司可以从银行那里大量挤占金融业务链。由于金融科技企业自身的供应链更难以追溯，其发生欺诈或违规的可能范畴也就更广了。

最后，雪上加霜的是，贸易战的背景进一步恶化了。自2018年初以来，中美两国的新闻中充斥着关于贸易"争端"针锋相对不断升级的报道。国际货币基金组织声称,紧张局势正在影响着双方的消费者和生产者;然而,尽管贸易摩擦显然对两国贸易产生了一定影响,但迄今为止,其对经济增长的影响相对较小。事情的真相是,紧张局势加剧了人们的焦虑,而这种焦虑是基于人们心理感受的受冲击程度,而非经济实际上受影响的程度。简而言之,当人们普遍认为中美之间会达成协议时,市场会就回暖;认为双方和解无望时,市场就会下跌。

鹿死谁手?

股市增长一直是美国政府成功实施其"让美国再次强大"战略的关键指标。尽管波动性更高,但市场的不安情绪得到了控制,与一年前相比,2018年度的贸易表现相对强劲(见图4)。

然而,2018年10月至2019年1月之间的贸易额出现了明显的下降,这很可能是2018年美中两国互加关税的结果。其间,美国向从中国进口的2500亿美元商品征收了关税,正如国际货币基金组织报告所言,这种做法减少了主要受影响地区的贸易——大约一半的美国进口来自中国。

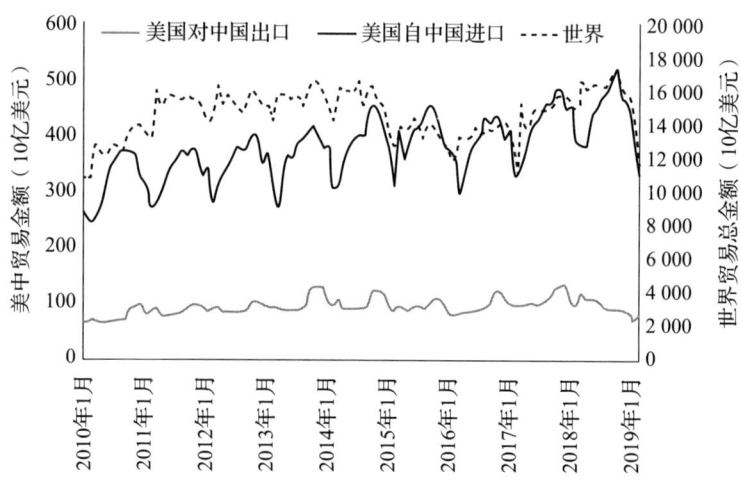

图 4　世界贸易与美中贸易比较，2010 年 1 月至 2019 年 1 月，月均进出口贸易额

数据来源：国际货币基金组织贸易统计数据，2019

我们确实有必要说明一下上述影响的严重程度，因为这里存在季节性的因素。全球贸易总是在每年的 10 月份到次年 2 月份之间发生下降，并且根据过去五年情况来看，全球平均下降幅度约为 13%。美中贸易走廊似乎受这种季节性下降的影响尤甚——在过去五年，每年 10 月到次年 2 月的五个月中，美国对中国的出口平均下降大约 23%，美国从中国的进口下降大约 28%。因此，2018 年至 2019 年期间，美国对中国出口下降仅 7.6%，与历史水平相比较低，可能是中国基于对未来关税上调的预期而提前采购囤积商品所导致的。而同期美国从中国的进口下降了 36% 以

上，大大高于五年平均水平。然而，有趣的是，自 2017 年 12 月以来，美国对中国出口一直呈下降趋势，这一下降趋势开始时间要早于贸易战成为明确的政策并不断升级之前。

2017 年 12 月是个关键日期，它之所以重要不是因为在这个时候美中双方所采取的任何一个特别的贸易制裁与反制措施，而是因为此时美国公布了它的《国家安全战略》。

《国家安全战略》是美国的外交和国内政策从二战后的"全球警察"角色到"让美国再次强大"战略转变的第一份正式声明。它的发布标志着一个重大时刻，从此关税和制裁不仅是可以针对中国的，而且也可以成为针对美国盟友的战略。该战略明确表示，"美国将不再容忍经济侵略和不公平的贸易行为"。

从那时起，美国可以基于国家安全理由为其关税合理性进行辩护。这相当于把战后《关税及贸易总协定》（GATT）的重大原则弃置一旁，即任何国家都不能因报复的风险而在贸易争端中援引国家安全理由。毕竟，如果某个国家看到另一国的行为对自身存在风险，又有什么能阻止它采取同样的行动呢？这就意味着最新的权力游戏开局了。我们正在经历一场权力的角逐。

是谁视而不见？

运用博弈论来解释贸易当前的问题似乎很有说服力。如果 A 国征收关税，B 国将如何报复？它会向对方征收对等关税吗？如果它这样做，A 国是否会再施加另一重关税，而使 B 国也跟进并升级关税？它们什么时候会停止？谁最有力量继续下去？谁先示弱？

目前正在进行的贸易冲突，跟历史上曾无数次重演过的胆小鬼博弈场景类似。美国与中国、日本和欧盟存在贸易逆差。这意味着，从理论上讲，美国可以对本国所进口的商品征收或威胁征收更高的关税，使进口关税水平高于美国出口商品可能被对方课税的水平。美国能因此获胜是因为它处于主导地位。如图 4 所示，美国的进口额（例中为从中国的进口）下降了，这是因为进口商品变得更昂贵了，而消费者没有支付更高价格的意愿。这样贸易赤字就下降了，美国关键的政策目标得以实现。第四章将对此进行更深入的探讨。这里强调的是，这种做法是在政府层面推动的，其战略目标是减少美国的贸易逆差。

许多经济学家会认为减少贸易赤字既是一个障眼法，也是一种误导。他们认为，自从中国崛起以来，美国的贸易赤字一直在增长，撇开这个事实不谈，消除赤字本身就是不可能的。简而言之，贸易逆差对国家的债务有着重大的贡献。美国消费者购买大量商品和服务，支出超过收入。与某些国家相比，例如德国，德国是世界上贸易顺差最大的国家，德国人有储蓄的习惯，而美国人却没有储蓄。结果，美国银行里没有足够的居民存款，银行业没有钱来支撑投资。投资的钱必须靠借——70% 的钱来自美联储和美国公民，其余的钱来自有顺差的其他国家。结果，在美国总额约 21 万亿美元的债务中，中国拥有约 1.2 万亿美元，日本拥有超过 1 万亿美元，欧元区国家拥有超过 2.5 万亿美元。这加起来大约占美国境外持有的美国国债的绝大部分。

我们的目的不是在此讨论美国赤字的性质，而是指出这是美国的战略弱点。美国受制于与之有贸易逆差的国家。尤其是中国，它既不是美国的盟友，也没有和美国类似的经济制度。中国可以通过抛售美国国债来颠覆美国经济，这个事实凸显了这一脆弱性。因此，美国政府正面临一个生存危机：面对一个经济管理体制不同但有竞争力的国家，在这场战略竞争中，如何来之能战，而且战之能胜，做最后的赢家？

对美国贸易逆差的关注使得贸易战不可避免。这从美国起初对待中国及其他顺差国特别是日本和欧元区国家的态度中已经昭然若揭了。因此，如前所述，这是一场纯粹又十足的胆小鬼博弈。

总结

如果有什么东西被当成博弈对象，那它就一定可以用来在某一方面创造战略优势。我们得用策略心理学来解释目前正在发生的这些事情。在本书中，策略就是关于权力和强制。竞争对手会使用不同的技术或博弈方式来获胜，因为所谓获胜就是要在博弈中发挥自己的实力或影响力。本质上，从战略角度来说，胜利才是关键，根本不是什么重在参与！

是拼硬实力，还是靠软实力？这与一个国家进行博弈的方式有关。实力越软弱的国家，就越有可能采取和解的方法，即希望相关方彼此妥协让步。相反，实力越强的国家，走强制性路线的可能性就越大。这就解释了西方舆论为什么往往说中国的做法在表面上看是温和而多边的，实际上却是颇具强度的。其实，美国的做法也是一样的，它不过看似平等公平，实则充斥威压强制。

1999年，心理学家丹尼尔·J.西蒙斯（Daniel J. Simons）和克里斯托弗·F.查布利斯（Christopher F. Chabris）进行了著名的关于"非注意盲视"的心理学实验，用这个实验中体现的视而未见的注意错觉现象来解释目前博弈中的情形真是再恰当不过了。实验者要求参与者观看两支各由三个球员组成的球队互相传球的情况。观众被要求计算其中三名穿白衫的球员的传球次数。大约30秒后，一个装扮成大猩猩的女士从球场后方走过，她还面向镜头，重重地拍打胸部。然而由于专注于手头的任务，在观看比赛的192位观众中，有几乎一半（46%）的人完全没有注意到大猩猩的出现。

策略本质上是一种心理操练。中美两国使世界的注意力集中在贸易问题上，使我们专注于可见的事物——潜在的全面贸易战的威胁。贸易、互联网和金融正在被武器化，而对贸易的关注使我们对更重大的前景视而不见，忽视了影响更为深远的争夺网络空间控制权的斗争。我们以为自己在玩一场博弈，但实际上却已被卷入了另一场博弈，而后者升级和被误判的风险更高。

任何行动战略都必须构建一个关于当前博弈状态的理论：世界是什么样子的？威胁在哪里？其他相关方将如何

行动？正如著名国际政治与核战略家科林·S.格雷（Colin S. Gray）所指出的那样，战略是对抗性的，一个成功的战略是基于对形势全面的了解和对对手行动的洞察。无论是在和平抑或战争时期形成的战略，它们都需要一直寻求对敌人的控制，有时也要寻求对盟友的控制。战略中包含博弈论的观点，包括如何选择立场以及如何预判他人的行为。而即使总体战略保持不变，理论观点也是可以随着环境的变化而变化的。

因此，我们也构建了一个理论，一个有效的场景，以免我们未来重犯一样的错误。我们正目睹一场贸易战在不断地演化。我们的理论观点是，贸易不过是令人注意力迷失的那场篮球赛，而新范式的竞争才是公众视而未见的大猩猩。贸易博弈的真相在于它是被利用的，在它背后一场单独的，甚至更大的战斗正在进行着。如果我们能够理解这一点，那么我们就可以理解博弈中对手的各种行为与表现，知晓如何完善自己的行动策略。

03
第三章

博弈策略

在人类所有的活动中,战争最类似于纸牌游戏。

——卡尔·冯·克劳塞维茨(Carl von Clausewitz),1832年

战争与战略性贸易

要了解贸易为何及将以何种方式被大国用于权力博弈，以及战略为何至关重要，我们需要先分析一下为什么在贸易语境下使用"战争"一词是适当的。本章将阐明，贸易和政治自古以来一直是紧密联系的，在很大程度上，贸易一直是战略博弈的有机组成部分。本章，我们阐述贸易与战争之间的理论联系，并以当前美中两国贸易战为例，更深入地探讨如何用博弈论帮助我们理解战略是如何构建的。

显然，我们可以用普鲁士将军卡尔·冯·克劳塞维茨身后出版的杰作《战争论》(*On War*)作为出发点来展开探讨。《战争论》中被引用最多的是它关于冲突的特点和性质的阐述。他关于"战争无非是政治通过其他手段的延续"的论断，至今仍被学者们认为是对战争的最精确定义，并被学者们在多学科研究中加以应用，比如，戴维·布罗姆维奇（David Bromwich）在他的著作《其他手段的政治》（Politics by Other Means）里关于高等教育中的"意识形态冲突"的探讨，比尔·帕克斯（Bill Parks）等人撰写的《营销员的克劳塞维茨兵法》，等等。克劳塞维茨主义纯化论者通常会反对这类借用与化用，但是在《战争论》出版后近200年的时间里，克劳塞维茨的观点仍在如此广泛的学科中得到应用，说明了他的思想是多么敏锐深邃。

实际上，我们在本书中将贸易战和克劳塞维茨描述的常规战争相提并论，因为我们认为它们的属性是一致的，即都是暴力的、工具性的和政治性的。所有战争一定是暴力的。尽管贸易本身不存在暴力行为，但从根本上讲，它是一种"实力行为"，在本质上肯定是有进取性和侵略性的。再者，通过供应武器和弹药，贸易可以加剧冲突，也就是说，贸易也可以成为间接暴力，至少它不排斥使用暴力的意图。更进一步来说，有大量的历史证据表明，贸易战往往会升级为常规军事冲突。例如，清朝与英国之间的两次鸦片战争（1839—1842年和1856—1860年），就是从中英之间的贸易不平衡升级为冲突，并导致了大约20000人死亡。

从战争的政治属性来看，贸易也不可避免地与政治联系在一起。通常认为，贸易是政策工具的观点始于经济学家阿尔伯特·O. 赫希曼（Albert O. Hirschman）和他于1945年出版的《国家力量与对外贸易的结构》（*National Power and the Structure of Foreign Trade*）。赫希曼以第二次世界大战作为案例研究，写道："通过贸易关系可以衍生出各种关系，比如，依赖关系、影响关系甚至是支配关系。"正如特朗普加征关税的做法就清楚地表明，可以利用贸易政策强制别国屈从于自己的意愿。此外，一个国家为了达到增强本国实力同时限制他国力量的最终目的，既可以强迫挟制他国，也可以储备战略物资来整合或建设战略潜力，两种手段都严重依赖于贸易。完全可以说，贸易的政治目的意味着贸易战与常规战争存在明显的交集。克劳塞维茨论及贸易与冲突的诸多共同点时，甚至曾写道："我们可以更准确地把战争比作商业，商业也是人类利益和活动的冲突。"

可以说，没有比唐纳德·特朗普担任美国总统期间的做法更能说明上述论断了。2018年3月8日，特朗普宣布对除加拿大和墨西哥以外的所有国家，征收25%的钢铁进口关税和10%的铝进口关税，特朗普称"强大的钢铁工业对我们的国家安全至关重要"。特朗普此举遭到了严厉的批评，包括当时的美国众议院议长保罗·瑞安（Paul Ryan）和前国防部长詹姆斯·马蒂斯（James Mattis），均对政府该行动的有效性提出了质疑，并对贸易战的升级及对现有盟国的影响尤其表示关切。然而，就在此事发生的几天前（3月2日），特朗普在他的推特上写道：

> 当一个国家（美国）跟每一个和它有贸易关系的国家做生意时，都得遭受数十亿美金的损失，那么贸易战就打得好，而且轻轻松松就打得赢。比如，我们跟某个国家有1000亿美元的逆差，它要是跟我们耍娇蛮的话，那双方干脆就别做生意了——这样我们反而赚大了。事情就这么简单！

特朗普的这则推文表达了一种零和思维，美国当代贸易政策、国家实力建设和对全球影响力的追求都是以这种思维方式为特征的。特朗普对"赢""赚大了""好"和"轻松"这些词汇的使用，看上去就是使用博弈论中基本的极小极大损益表推演出来的一种策略。然而，应注意的是，在利用和操纵贸易方面，尽管美国是最直言不讳的国家，但重新定义了贸易这个概念的并非只有美国一个国家。有大量证据表明，俄罗斯和中国都在战略性地利用贸易以争取扩大全球影响力。借用著名核战略家科林·S.格雷的话来说,对于大国来说,贸易日益成为它们所热衷的追求政治目的的手段。

为什么会发生这种情况?在《战争的艺术》(The Art of War)一书中,法国拿破仑时期的著名将领、军事理论家若米尼男爵(Baron de Jomini)将战争(或"战争艺术")分为十类,并说明了如何发动战争。最有趣的是他在第三类"权宜之战"(wars of expediency)中这样写道:

> 权宜之战目的有二:一是强国为了商业和政治原因而扩张地理疆界;二是为了削弱危险对手的力量或阻止其扩张。

当然,若米尼在他的分析中没有提到关于贸易战的想法。他本意是使用常规军事力量来在政治上或商业上建设与壮大自己的实力,同时限制对手的实力。尽管如此,他这些理论与特朗普政府似乎在追求的目标之间的相似之处还是很令人惊叹的。缺乏直接军事对抗的政治意愿反映了我们当前的现实,核武器使世界大国之间发生全面冲突的可能性有限。现在,大国将竭尽全力,在避免常规战争的同时,保持全球影响力。正如英国军事理论和战略学家李德·哈特爵士（Liddell Hart）所写，核武器引发了"对间接手段的回归，而间接手段是战略的本质，因为它们赋予战争以智能特性，使之超越了野蛮的武力使用"。这些"智能特性"体现在进行有限的代理战争和强制性外交上，也越来越多地体现在对全球化经济体系的开发利用上。但是，这不能确保大国之间不会发生大战。正如美国物理学家、未来学家赫尔曼·卡恩（Herman Kahn）所说，核战争可能看起来是"不道德、疯狂、丑陋或不太可能的，但并非完全不可能。要采取明智的行动，我们必须尽可能多地了解风险"。因为将对手的意图误判的可能总是存在的，因而紧张局势恶化的可能也一直存在。尽管如此，鉴于人们都不情愿陷入那种以"相互确保摧毁"为结局的战争，这些大国正在寻求通过非暴力的替代手段来进行"权宜之战"，以达到增强国家实力的政治目的。在这种情况下，贸易势必成为大国在寻求全球影响力的过程中一个非常有吸引力的战略选择。

需要明确的是，我们并不是在探讨如何通过互利的贸易来建设更强大的经济基础，进而增强国家实力。我们讨论的是我们称之为"战略性贸易"的策略和行为，即为追求外交政策目标，如何以贸易为工具来获得政治优势，削弱别国实力，或阻止竞争对手的崛起。

战略性贸易理论最早出现于20世纪80年代，加拿大英属哥伦比亚大学教授芭芭拉·斯宾塞（Barbara Spencer）和詹姆斯·布兰德（James Brander）分别于1983年和1985年做出了重要论述。"战略性贸易"一词最早是由诺贝尔经济学奖获得者保罗·克鲁格曼（Paul Krugman）于1986年提出的。克鲁格曼一针见血地指出，贸易不仅仅是经济，它也是政治。克鲁格曼认为，战略性贸易实质上是保护主义。他建议政府可以促使资源重新分配到经济租金（即资本和劳动力回报）最高的部门和企业，从而保护它们免遭外国竞争挤压。他认为，贸易越来越多地需要利用国家的规模经济优势以及技术进步和组织内学习带来的积极溢出效应。（所谓积极溢出效应，简单来说就是不可预见的积极后果。）然而，我们的做法与克鲁格曼不同，因为我们将战略性贸易视为利用贸易实现外交政策甚至军事目标的手段。这里说的战略与国际关系文献中经常使用的战略定义一致，或者如同《战争的巨匠：古典战略思想导读》一书作者迈克尔·汉德尔（Michael Handel）所写的，战略是"在和平时期与战争时期，开发和利用所有资源，以支持国家政策并确保胜利"。

战略性贸易可以有多种表现方式。首先,贸易可以被当作硬实力的工具,最明显的例子就是美中贸易战。通常人们认为,硬实力是使用军事力量强迫对手去服从自己的意愿;但是,它只需要涉及强制另一个参与者(国家或非国家)的企图就够了。硬实力不是使用胡萝卜去影响他人的行为,而是使用大棒去压服对方。自唐纳德·特朗普任总统以来,这种战略性贸易方式屡见不鲜。根据特朗普的说法,中国是美国的"敌人",是美国在经济和军事实力上的唯一真正竞争对手。他煽动与中国的贸易冲突,其做法具有若米尼所说的"权宜战争"的全部特征:其目的是使美国获得政治和商业上的优势,手段是提升美国贸易价值、保护美国知识产权和增强美国国家安全,同时,削弱中国的影响力,遏止中国崛起。

第二,可以把贸易作为软实力的工具。这需要通过一体化和互惠互利的贸易使国家关系更加密切,使之能够服务于战略目标。使用同样的比喻,与第一种方式相反,第二种方式使用胡萝卜而不是大棒。近年来,中国就乐于使用这一战略,中国基于这一战略提出的颇具代表性的"一带一路"倡议,带动了中亚、海湾和撒哈拉以南非洲的投资和基础设施建设项目。在某种程度上,中国这种做法比强制性方法更有效,因为它能为当地带来经济利益,使其他国家更适应和接受中国影响力的不断提高。例如,"软实力"一词的鼻祖约瑟夫·S.奈(Joseph S. Nye)在 2005 年写道,"英国广播公司(BBC)对 22 个国家/地区进行的民意测验发现,几乎有一半的受访者将中国视为积极的影响力,而只有 38% 的人对美国有同样的看法"。皮尤研究中心(Pew Research Center)2014 年的一项调查再次证实了这一点。该调查发现,撒哈拉以南非洲国家对中国的看法绝大多数是积极的。

第三种利用贸易的方式既不涉及硬实力,也不涉及软实力。这是一种间接的方式,即向世界上被认为具有战略重要性的地区有针对性地提供某些商品和物资(比如,武器和弹药或军民两用物资)。其目的是:一、支持当地武装,比如,民兵、分离主义分子和私营军事承包商等;二、加强本国在该地区的军事能力,构建未来的"战略潜力";三、援助盟国加强军事能力,例如,为盟国的导弹开发计划提供物资,以削弱敌对国家或敌对集团防卫联盟的影响力。这是俄罗斯所青睐的方式,部分原因是它在经济层面无法与美国或中国竞争,但也因为这种间接又隐晦的权力建设方式往往会被大多数观察分析人士和政策制定者忽视。

正如美国国际政治学家霍尔·加德纳（Hall Gardner）书中所写的，"与认为全球化进程将导致互惠互利的贸易并减少冲突的新自由主义思想相反，俄罗斯的非线性战争理念认为，国家（或反国家的组织）可以操纵全球互联性，并强力维护自己的利益"。俄罗斯在贸易方面采取了一种更具创造性的方式，它超越了过去错误的传统观念，以前人们简单地认定通过贸易禁运、加征关税或威胁限制石油和天然气供应等方法进行经济胁迫是唯一的战略选择。可以说，俄罗斯的贸易战略既不以硬实力为主导，也不以软实力为主导；它让实力以间接隐晦的方式暗中滋长。

当然，每个国家在现实中都会将上述三种措施组合起来使用。在2008年俄罗斯与格鲁吉亚的冲突爆发之前，俄罗斯一直把贸易作为针对格鲁吉亚的以利益为主导的一体化战略的一部分，围绕其对格鲁吉亚的政策目标，俄罗斯采用的战略手段包括在贸易上进行经济胁迫、在军事方面采取各种军事行动。历史上，美国经常通过间接方式使用贸易工具，通过提供武器弹药来支持某些政权和分裂分子，最著名的或许就是美国中央情报局（CIA）于1986年，在苏联与阿富汗战争中向阿富汗叛军提供毒刺导弹。然而，最重要的一点是，大国都在战略上利用贸易，并事实上将贸易作为替代传统军事行动的手段，结果正如美国知名国际政治学者罗伯特·O.基欧汉（Robert O. Keohane）和约瑟夫·S.奈所言，这使得贸易的价格变得越来越"昂贵且不确定"。当每个国家都追求自己的目标时，贸易武器就成了不二之选。

让博弈开始吧

美国、中国和俄罗斯的总体目标大致相同：美国的国家战略指出，美国决心"与所有国家权力的工具竞争，以确保世界上的各个地区不被一个大国所控制"。中国的目标是要成为"具有国际影响力的全球领导者"。从2015年起，俄罗斯就在其国家战略里指出，目标是"巩固俄罗斯联邦作为世界领先大国的地位"。尽管各国战略总体目标在许多关键之处相似，但各个国家都根据自己的计划和自己对规则的独特解释来进行权力博弈。在我们当前的范式中，有一点是明确的，即贸易战可能成为新的常态，因此必须理解战争与博弈之间的紧密联系，应用博弈论以模拟的方式来帮助我们更好地理解现代贸易方式。

美国军事战略学家伯纳德·布罗迪（Bernard Brodie）

指出,"战略理论是关于行动的理论";所以探讨理论的意义在于把它转化为对当前挑战的切实可行的解决办法。因此,本书其余章节不仅要从理论上分析我们眼前的现实问题,而且还要提供一个建设国家实力和全球影响力的战略行动方案。这样的目的看起来显而易见,但究其根本原因还是由战略的意义决定的,即一切战略都是为了实现自身的目标,为了胜利。因此,分析洞察当前的战略贸易现象,弄清各大国在现实中是如何利用贸易这一战略工具的,对于处于贸易争端中的国家实现自身的战略目标具有极其重要的意义。特朗普于1989年出品了一个市场销路不佳的棋盘游戏,名叫"特朗普游戏",它的广告语很适合在此引用:"你是赢是输不重要,赢的是不是你才重要!"

战争,贸易与博弈

这一节我们将以本章开头所引述的克劳塞维茨关于战争和纸牌游戏之间存在相似性的观点为基础展开论述。历史上,克劳塞维茨曾多次将战争与游戏做类比。譬如,他书中写道战争是"更大范围的决斗",并鼓励读者去想象一对摔跤手如何在搏斗中同时使用武力(即能力)和智力(即策略)来战胜对手。克劳塞维茨的洞察极其敏锐,他指出了战争固有的对抗性,即,战争会涉及两个或两个以上的行为者,而其中必然产生"胜利者"和"失败者"。

这个比喻还充分体现了策略的动态性质,因为当一方尝试执行自己策略的同时,另一方也正努力把他的策略施展出来,而双方都在试图阻挠和对抗对方的行动。确实,在整个历史中,游戏与冲突之间一直有着非常密切的关系。围棋是中国的一种策略型棋类游戏,玩家必须努力占领比对手更多的地盘。围棋被认为是2500年前由中国古代诸侯和军事将领发明的,用来模拟即将到来的战斗。大约在公元6世纪,印度的笈多王朝流行一个游戏,叫"恰图兰卡"(Chaturanga)。游戏名字的意思是"四肢"或"四军",指的是当时笈多王朝军队的四个主要兵种:大象、战车、骑兵和步兵。此后,与军事有关的策略型棋盘游戏在全世界越来越流行。从公元11世纪左右的日本象棋(Shogi,也称将棋,即将军的游戏),到波斯帝国的"沙特兰兹"(Shatranj,即波斯象棋,也称四军棋),再到从公元13世纪左右就确定了一套规则、至今依旧风行全球的国际象棋。

然而,尽管世界上很多军事精英们喜欢把国际象棋及其他同类游戏作为脑力消遣,用以帮助提高战略思考能力，但是这种性质的游戏并不是真实战争状况的反映——如果国际象棋之类是单纯的零和的冲突，那么现实生活中的冲突则更多是非零和的。直到与克劳塞维茨同时代的冯·赖斯维茨男爵（Baron von Reisswitz）提出了"兵棋推演"（Kriegsspiel）或又称"战争游戏"的概念才解决了两者这一分歧。1824 年，他的儿子乔治·海因里希·鲁道夫·约翰·冯·赖斯维茨（Georg Heinrich Rudolf Johann von Reisswitz）沿用了这一概念并据此发明了一整套兵棋游戏规则。为了代表战场，赖斯维茨使用比例为 1∶8000 的精确地形图，这种地图当时在普鲁士军队中刚刚开始使用，他还选择用涂漆的木块代表军事部队。兵棋游戏采用回合制，指挥官利用现实中的真实战争经验，以实际战斗中的统计表为依据来决定他们在模拟战场上的行动，并通过掷骰子来确定每项行动的结果是正面的还是负面的，及其影响程度高低。这些规则为兵棋游戏注入了克劳塞维茨在《战争论》一书中阐述的至关重要且永恒不变的战争要素：机会、不确定性和摩擦。当时的普鲁士总参谋长兼军事制图学专家卡尔·弗雷赫尔·冯·穆夫林将军（Karl Freiherr von Müffling），曾参加了一场兵棋游戏演示，意识到它的实用潜力，据称他当时惊呼："这不是游戏！这是战争训练！"

从那时起，进行战争模拟就已成为大多数国家制定军事战略的基础。在美国，内战后不久，战争游戏就变得很普遍。而在1905年的日俄战争中，日本在对俄罗斯的数场战斗中取得了胜利，他们将此归功于预先进行了模拟。然而，具有最重要影响的当属博弈论的出现，数学家约翰·冯·诺伊曼（John von Neumann）在1928年发表了《关于室内游戏的理论》一文，随后他又和经济学家奥斯卡·摩根斯特恩（Oskar Morgenstern）于1944年发表了开创性的著作《游戏与经济行为理论》，这些著作标志着博弈论的诞生，博弈论对于冲突建模有着最显著的贡献。美国历史学家威廉·庞德斯通（William Poundstone）认为，"博弈论是20世纪的兵棋推演"，因为它将"理性行为假设"这一严谨而又复杂的数学概念应用于人类冲突领域。

当然，博弈论的初衷是为了提高我们对经济行为的理解。像克劳塞维茨把战争比作纸牌游戏一样，诺伊曼和摩根斯特恩使用扑克（以及其他游戏）来寻找那些规范了社会经济参与者的"理性行为"的"数学上完整的原则"，并研究了博弈中的双方或更多参与者之间的动态互动和决策过程，以发现使利益最大化和损失最小化的最佳策略。博弈论的最终目的是提供一种"边际"或"预期"效用理论，它使用了一系列复杂的数学公式，以消除决策中的不确定性因素，需要考虑到诸如随机和混合策略之类的变量，还有博弈各方参与者可得信息的机会与质量，例如，拥有"完全"信息或"不完整"信息分别将会如何影响决策制定。这一点对于理解如何制定策略至关重要，因为掌握全局所有信息的情况极为少见。然而，诺伊曼和摩根斯特恩理论中最广为人知的，也是他们投入了大量精力去研究的或许当属"零和博弈"和"非零和博弈"的概念了。

如前所述，零和博弈是用数学方法来表达这样的一种博弈情形：即甲方的收益恰好等于乙方的损失，因此，将博弈中双方的总收益与总损失正负相抵总和为零。解释零和博弈最常用的例子是硬币配对。假设两个玩家分别坐在一张桌子的对面，他们必须同时将各自手中的硬币放在桌上，使硬币正面或反面朝上。如果两枚硬币正反一致，则甲方赢得两个硬币。如果两枚硬币正反不一致，则乙方可以拿走它们。诺伊曼在1928年发表的论文中将理性定义为一个行为人试图使负效用最小化的同时使正效用最大化的尝试。因此，这种零和性质的博弈是根据极小极大原则来决定的，由于双方都没有对回报的限制，因此双方都没有动机去寻求替代策略（见表1）。

表1 零和博弈：硬币配对

		游戏乙方	
		正面	反面
游戏甲方	正面	+1/−1	−1/+1
	反面	−1/+1	+1/−1

相反地，非零和博弈（也称为混合动机博弈）涉及另一类情形，即所有参与者的损益合计可能大于或小于零。在这类博弈情形里，参与者们可能会遇到双赢或双输的结局。至关重要的是，在非零和博弈中，许多变量：诸如竞争、合作和对另一方意图的不完全（甚至根本不）了解等，都被纳入综合考虑之中，从而消除了以"纯冲突"概念为标志的零和博弈的所有特征。非零和博弈的一个经典例子是囚徒困境，该案例是由美国兰德公司（RAND）的两名分析师，梅里尔·M.弗朗德（Merrill M. Flood）和梅尔文·德雷瑟（Melvin Dresher），于1950年提出的，他们当时正在研究博弈论，因为博弈论可以被应用于美国的核战略。囚徒困境假设：两名罪犯被警方抓获并关押在不同的牢房中接受讯问。警方缺乏将他们定罪的足够证据，因此分别向两名囚犯提出了相同的条件：放弃你们的攻守同盟坦白交代，那么坦白者可以被释放，而抵赖者将被判处最高三年的徒刑。但是，警方还设了一个陷阱——如果囚犯

们同时都背叛彼此的约定进行了坦白，则两个人都将被判两年徒刑。因为如果囚犯们都保持缄默的话，依据现有证据只能分别判处他们一年徒刑。由于囚犯之间无法沟通，所以他们只能按照追求自身利益最大化并同时认真揣测同伙行为的方法来确定自己该怎么做（见表 2）。

表 2　非零和博弈：囚徒困境

		囚徒乙	
		背叛	缄默
囚徒甲	背叛	2/2	0/3
	缄默	3/0	1/1

著名经济学家、核战略家托马斯·谢林最感兴趣的是非零和游戏。他看到了它们在军事上的潜在应用价值，特别是在冷战期间可以用于为美苏两个超级大国之间的核僵局寻求最佳策略而进行建模推演。1960 年，谢林出版了《冲突的战略》，其中写道："在纯冲突战略上，应用零和博弈理论产生了重要的洞见和建议。"但是，他认为许多情形应该纳入非零和博弈范畴，例如探讨"战争和战争威胁""建议与暗示""威胁与允诺"分别能起到什么样的作用。因此，谢林在书中引入了一个新的博弈矩阵，其收益情形与囚徒困境案例类似，谢林将其应用于分析当时世界

大国面临的三种不同情况。

1. 核军备竞赛：这里的假设是，美苏双方将继续强化其军事打击能力。如果双方都沿着这条路继续走下去，那么最终可能的结局就是"相互确保摧毁"。而如果双方都同意限制武器生产，那么双方都将获益。但是，如果只有一方同意限制其核武库，而另一方却没有加以限制，那么前者将处于严重的战略劣势。

2. 一场有限的战争：在这里，参与者可以威胁将冲突升级，从而使自己从中获利。当然，前提是他的对手决定退缩。如果对方没有退缩，那么结果仍是"相互确保摧毁"。如果用扑克游戏来说明，这种做法就相当于用一手弱牌进行"全押"，同时寄希望于对手没有看出你这是虚张声势。

3. 突袭：指一个参与者感受到威胁因此决定先发制人地对敌国的核武库进行第一波打击的情形。谢林举了个例子——一个持枪的强盗打算打劫一所住宅的时候，遇到了同样持枪的主人。谢林就此情形提出了以下挑战脑力的难题："现在危险的是他（小偷）有可能认为我（主人）打算开枪，于是他就先开枪；更糟的是，他也有可能认为我认为他会开枪；或者，他有可能认为我认为他认为我会开枪；

等等。"令人担忧的是,在这种情况下,最不坏的选择是先开火。战争博弈论专家菲利普·萨宾(Philip Sabin)在其杰出的创新之作《模拟战争》一书中用一个博弈矩阵总结了谢林所说的三种情形,如表 3 所示。

表 3 萨宾对谢林三种博弈情形的冷战解读

	美国立场强硬	美国立场克制
苏联立场强硬	双输	美输,苏赢
苏联立场克制	美赢,苏输	双赢

现实与文化的作用

博弈论的问题在于,它假设参与者将会采取理性行为,并在此假设基础之上,对其预期行为进行定量的数学表达。"诺伊曼 – 摩根斯特恩效用定理"(The Neumann-Morgenstern utility theorem)认为,参与者面临可能遭受损失的情况下,必须权衡四个条件以最大程度地获得收益:完整性、可传递性、连续性和独立性。它将理性行为归结为对期望效用最大化的偏好。

产生并发展于 20 世纪 70 年代的这一关于理性的概念,在当前的贸易战条件下尤为重要。例如,数学家阿纳托尔·拉波波特（Anatol Rapoport）认为，非零和模型至少会产生两种类型的理性：个体理性和集体理性。以表3的矩阵为例，个体理性可能会认定鹰派的强硬立场是更为谨慎的举动。但是考虑到全球安全的情况下，集体理性会要求选择克制的立场，因为这将提供最互惠互利的结果。当然，后一种选择基于信任。如果你无法信任对手，认为他有所企图，那么强硬立场将再次成为最实用的选项。

美国政治学家杰克·斯奈德（Jack Snyder）进一步发展了这方面的研究，他分析了文化在人们决定对威胁如何反应时所起的作用。斯奈德创造了"战略文化"一词，他将其定义为"一个国家战略共同体中的成员通过指导或模仿而获得的，并就核战略问题彼此共享的思想、条件性情感反应和习惯行为模式的总和"。他担心美国分析家的种族中心主义和民族优越感在当时会导致他们得出错误的结论。具体来说，他担心美国将什么是"一般理性人"，以及作为一般理性人将如何使用或威胁使用核武器这些问题简单概念化而忽视了文化差异。斯奈德的观点是，苏联对什么是一般理性人的看法与美国的看法大不相同，因为"人们被社会化，并形成了……（完全不同的）战略思维模式"。

这就是所谓的第一代战略文化。它的指导原则是，战略文化既是决定国家行为的背景，又是"行为的构成要素"。因此，战略文化被认为是"一种关于武力的思想和行动模式，源于对国家历史经验的感知"。它被认为会受到地理位置、地缘政治环境、政治立场与前景、军事传统和武器装备、官僚机构体系以及军民关系状况等的影响。同时，战略行为被归结为出于政治目的以武力相威胁或使用武力的行动。第一代理论家认为，当时的西方战略思想受到种族中心主义和民族优越感的束缚，而文化对行为的全面影响必然会导致一个国家的公民及其制度将不可避免地被"文化同化"。因此，战略家会"不断地接受并从文化角度观察和解释物质世界"，而不是仅仅依据从博弈论模型中抽象出来理论上的效用最大化的行为方式来进行战略决策。

归根到底，策略是文化和社会环境共同作用的结果。正如历史与政治学家比碧翠斯·休赛尔（Beatrice Heuser）所写："交战的方式和战场之外的战略制定方式，是由政治体系以及培育了这一政治体系的政治文化所决定的。"我们在当前的权力斗争中看到了这一点，因为每个大国都在表达自己的历史责任感和天赋使命，并将它们与其他国家的对立起来。克劳塞维茨告诉我们,战争本质上是意志的较量。而由于"意志本身就是由其文化决定了的道德的分量",因而可以说正是这些"道德因素"赋予了战争不同的性质和特征。此外,道德因素还可以改变和影响战略目标。因此,战略分析师如果忽视文化的重要性是很危险的。著名核战略家科林·S.格雷认为,"战争、胁迫和威慑都是跨文化的斗争"。正如孙子的名言,"知己知彼"方能"百战不殆"。毕竟,如果你和对手玩的根本就是不同的游戏,"获胜"又从何谈起呢?

相同的目标,不同的游戏?

美国的策略通常被比作国际象棋游戏。曾任美国国防部长国际安全政策助理的知名国际政治学者约瑟夫·S.奈,在他的《权力的未来》一书中将权力分配模式比作一个有着三维棋盘的复杂的国际象棋比赛,各国在三个不同层面上发生了纯粹的冲突。根据约瑟夫·S.奈的理论,第一层面也即最高的层面涉及军事力量。在军事方面,美国占据统治地位,目前俄罗斯或中国都不大可能超越美国。第二层面是经济实力,同样,美国也占据主导地位,但是在过去的十年中,竞争环境已经趋于平等。因此,就经济层面而言，世界是更加多极化的。第三层面也是最底下的层面涉及各类非国家行为主体，其中包括银行家、黑客和恐怖分子等所有影响全球权力分配的个人与集体。在这个层面上，没有哪个国家拥有中央权威。

美国白宫贸易与制造业政策办公室主任彼得·纳瓦罗（Peter Navarro）最近再次以国际象棋游戏作比喻，重申了美国国际关系理念，尤其是美国的战略。在华盛顿特区召开的美国进出口银行2019年年会上，纳瓦罗发表了主旨演讲，他表示要"从棋盘视角介绍特朗普总统的经济制胜战略"，这个战略，换而言之，就是特朗普目前采用的强制性贸易方式背后的主导战略。在许多方面，将美国战略与一盘国际象棋进行比较是准确的。国际象棋棋盘上的棋子包括骑士、城堡、国王和王后，因此，国际象棋旨在复制战斗。国际象棋比赛的目的是从一开始就用军事力量进行攻击，吃掉（即杀死）对方尽可能多的棋子，以阻止他们抵抗己方的行动，直到最后把对方"将死"（Checkmate，源自波斯语Shah mat，意为"国王死了"）。这对美国的外交政策很具象征性，根据已退休的美军上校威廉·特里·布劳恩（William Trey Braun）的说法，美国通常会努力"打破局面，出动军队，然后恢复和平"。此外，国际象棋是零和游戏,从全局来看,一个参与者胜利了,就意味着另一个参与者失败了。正如我们之前所论述的那样,特朗普的大部分政策都遵循基本的极小极大原则,因此在美国看来,贸易战中美国的收益就是中国的损失。

这并不是要诋毁美国的做法——国际象棋其实是一种极其复杂的游戏。对弈中,每个棋手走一步棋后,对方棋手有大约400多种可能的走法。第二步之后增加到197742种,第三步之后增加到了惊人的1.21亿种可能的走法。换句话说,即使是进行零和博弈也需要极其复杂的战略思维。我们可以通过文化视角来看美国人对于平局的不安。例如,在1954年,美国海军和杜克大学之间进行了一场美式橄榄球比赛,比赛的最终比分为0比0。当被记者问到对比赛结果感觉如何时,当时的海军队教练艾迪·艾尔德拉茨(Eddie Erdelatz)回应道:"这感觉就像亲吻你妹妹!"这话让他声名狼藉。据上述故事的消息来源人士指出,尽管人们对艾尔德拉茨的话或许有所曲解,但"没有人敢要求温和的海军教练解释他的意思"。1974年,美国国家橄榄球联盟(NFL)引入了加时赛规则,以此处理全时比赛后处于平局的所有赛事。

在特朗普任职期间,美国的许多政治言论都反映了这

种求胜的想法。在其竞选总统期间,在纽约州奥尔巴尼市的一次竞选集会上,特朗普发表了热情洋溢的讲话,他说道:

> 我们将从此再次赢得胜利。我们将会取得许多胜利。我们将在各个层面上取胜。我们将在经济上取胜。我们将以经济取胜。我们将赢得军事胜利。我们将为国民赢得医疗保健,为我们的退伍军人赢得福利。我们要赢得的很多,要一直赢到你对获胜感到厌倦为止!

此外,特朗普的首席经济顾问拉里·库德洛宣称,"最重要的是,我希望美国获胜。我要让美国赢。而你们(指美国进出口银行)可以帮助我们取胜"。

这种言辞在2017年12月重新修订的美国《国家安全战略》中也很明显,其中五次提到了获胜。它声明说:"我们面临的未来,或赢或输取决于我们自己。"在讨论国家的军事能力时,它解释道:"我们军队的规模很重要。我们要靠它来威慑并制止冲突,如果威慑失败,就靠它打赢战争……"

这与中国的做法形成鲜明对比。如果美国的战略类似于国际象棋，那么中国的战略就像围棋。围棋从字面上来说是"围困对弈"，它通常被认为是世界上最复杂的棋盘游戏。围棋的棋盘有 10^{170} 种可能的布局。首次在围棋上击败了人类竞争对手的"阿尔法围棋"（AlphaGo）的共同开发者戴密斯·哈萨比斯（Demis Hassabis）说，围棋布局组合的数量比宇宙中存在的原子还要多。典型的围棋棋盘由 19 乘 19 的网格组成。对弈开始时，双方棋手各执 180 枚黑色或白色的棋子，开局后，双方必须交替每次各着一子于棋盘上的交叉点上。如果你的棋子包围住了对手的棋子，那你就可以提走被围的棋子。棋局下到一方占领至少一半的棋盘，而且双方一致确认着子完毕时即为终局。

围棋与国际象棋的不同之处，在于围棋没有明显的军事联系，其主要目标不是吃掉对方的棋子而是占领棋盘上的地盘。正如邓小平经常引用的中国古语所言，"韬光养晦"是最好的策略，缓慢而持续地壮大自己的力量，而且只有等到对手来不及反击时，才会展示自己的战略。围棋对弈以空棋盘开始，这意味着每个棋手可用的信息都是不完整的。而且，双方棋手没有必要从一开始就发动攻击，甚至以后也没必要，许多对弈直到终局，仍然只有很少的棋子被吃掉提走。围棋目的在于不需要公开战斗就赢得比赛，这种哲学源自伟大的中国古代军事家孙子。《孙子兵法》云："百战百胜，非善之善者也；不战而屈人之兵，善之善者也。"孙子认为，"安国全军"是至高无上的战略原则，"威加于敌"跟攻城伐兵一样都是取胜的手段，也就是说，他认为战争既可以是身体上的也可以是心理上的，这对于我们正确理解中国的战略至关重要。

我们在这里将国际象棋、围棋与美国和中国各自的战略相提并论，显然是对现实的过度简化。但是，这些棋盘游戏确实反映了中美两国政治精英中的某种心态。这很大程度上是由于文化观点的差异造成的，某些棋盘游戏在某一国家之所以能够流行，恰好反映了这一国家的战略偏好。亨利·基辛格（Henry Kissinger）在他的《论中国》一书中完美地总结了美国和中国在同样的战略博弈的背景下各自不同的做法："西方传统看重的是实力之间的决定性冲突，强调的是英雄壮举，而中国的传统理念则强调的是微妙、间接和相对优势的耐心积累。"

一报还一报：关税

我们必须问自己的问题是：这些理论在特朗普与中

国的贸易战中有什么参照作用和现实意义？1983年，电影《战争游戏》发行。电影讲述一个男孩无意间侵入了控制国家核武库的名叫约书亚的美国超级计算机。约书亚认为它正在玩一场无害的游戏，于是启动了核弹发射程序。为了避免热核战争，一组科学家做最后一搏，他们让约书亚经历了所有可能使它获胜的情形。在分析了数千种情形之后，约书亚总结道："这是一个奇怪的游戏。唯一的制胜法宝是根本就不去打。"我们可以为贸易战得出同样的结论吗？与军备竞赛一样，目前唯一审慎的做法是继续让它升级，否则将严重削弱自己的地位。如果自己不升级并希望对手能够效仿自己的做法，那简直就是异想天开。此外，对于任何国家的国内战略而言，奋起迎击任何可感知的对立国的侵略行动都是应有之义，毕竟没有任何一个领导人愿意在本国选民面前显得软弱。因此，唯一的选择是采取消耗战略，继续跟进对手的行动，直到某一方投降，抑或不断跟进，直至达到"相互确保摧毁"的均衡状态。果真到了那样的地步，就集体利益而言，各方都输了。如果我们将可能的结果代入到博弈矩阵中，我们可以看到，如果贸易战继续按照本书撰写之际可预见的轨迹发展，几乎没有希望取得任何积极的结果（见表4）。

表 4　零和博弈在美中贸易冲突中的应用

	美国加征关税	美国不升级
中国加征关税	双输	美输，中赢
中国不升级	美赢，中输	双赢

但是，如前所述，美国和中国目前可能在玩着不同的游戏。当前错误的假设是，中美双方有着可比较的预期目标，因此判定为达到这样的目标它们将采用可比较的手段和方法，而这种错误的设想可能会削弱美国"获胜"的能力。美国政府或许可以从以下故事中学一学。1980 年，著名科学家和思想家、博弈论学科创始人之一阿纳托尔·拉波波特在他的一个系列讲座中提出了一个简单的问题：如果两个人曾经一次又一次地反复处于囚徒的困境，而他们也都知道双方将还会在这样的情境下面对彼此许多次，那么博弈中将会发生什么？为了弄清这个问题，政治学家罗伯特·阿克塞尔罗德（Robert Axelrod）发起了一次计算机锦标赛，比赛采用循环赛形式，参赛的博弈论专家们各自提交一个代码程序，每个程序都与其他程序两两相遇进行一场对抗，整个循环赛重复进行了五次，每场对抗，包括 200 回合对局。拉波波特将他的参赛作品命名为"一报还一报"（tit-for-tat），它仅有四行代码，是这次比赛中最短的参赛作品。他的策略也很简单：

第一回合选择合作；然后，每一回合都重复对方的上一回合的做法。

令人难以置信的是，拉波波特如此简单的"一报还一报"程序赢得了比赛，被它打败的其他程序使用的策略都要比它复杂得多。对于其他参赛者来说，这是个深刻的教训，所以当阿克塞尔罗德决定举办第二场竞赛时，他们都准备好了对策。他们提交的新程序中有不少都使用了拉波波特先前的策略并且试图改进它，比如，在最后一个回合改变策略，使用"背后捅刀子"的方法以求在最后一刻出奇制胜。阿克塞尔罗德设计的第二次锦标赛的规则比第一次更复杂，他取消了每场对抗赛打200回合的限制，取而代之的新规则把每一回合可能令比赛结束的概率降到了0.00346。比赛共有63名参赛者，这就意味着有超过一百万种可能的玩法。在这第二次锦标赛中，拉波波特的"一报还一报"策略又一次赢了比赛。从这个小故事中可以得出的关键结论是：拉波波特的策略惩罚了对手的利己主义，奖励了利他主义。一旦对手停止根据自身利益行事，双方相互惩罚也就停止了。换而言之，"一报还一报"鼓励和回报合作。回到我们目前的例子，美国挑起贸易战，而中国不过是"以其人之道还治其人之身"罢了。双方都有足够的经济手段把他们当前的做法一直坚持下去，但是没有任何一方可能赢。如果美国首先放弃加征关税的做法，中国非常可能也取消惩罚性关税，但是，如果美国坚持一条路走到黑，那么中国的惩罚措施也不会停下来。

然而，更令人担忧的是，几乎没有人考虑过中国目前在贸易问题上使用这种针锋相对的战略，是否是在掩盖或分散人们对他的更宏大的战略目标的注意。继续用国际象棋打比方，美国政府的问题是所有棋子都没有遮挡。唐纳德·特朗普不仅表达了自己的意图，而且表达了他希望北京做的事情。相比之下，就像在玩围棋一样，中国很有可能尚未展现出其全部实力。中国的战略是着眼于长远的，其典型的做法包括但不限于，在全球范围内慢慢地扩大领土影响力，储存钢铁等资源，以及在诸如巴基斯坦瓜达尔港这样的关键战略地点进行投资。换句话说，美国使用的"我赢，你输"这种二元方法，可能会损害其长远利益。

04
第四章

美国：威压制胜

每个人都喜欢从不同的角度来解读我们当下面临的挑战。经济学家警告，贸易战将对全球经济增长构成危胁。评论员和战略家告诫，警惕正在崛起的中国、无法无天的俄罗斯和战火频仍的中东地区。法学家们谴责，美国奉行孤立主义偏离了过去30年来支撑世界和平的国际条约。从各个不同角度来说，新自由主义议程似乎都是"非理性的"：经济学家看来，进行贸易战是毫不理智的；战略家觉得，玩冲突游戏是没有任何意义的；律师认为，违法是罪无可逭的。正如我们在上一章中所讨论的那样，此时最好的但也是风险最高的策略可能就是先发制人。

要想解释美国目前的做法为什么在其价值体系内是合理的，我们需要看全局而不能只看局部。美国的总体战略已经发生了变化，因为世界已经改变了。为了应对更具竞争性或更武器化的世界格局，美国已将贸易作为其外交政策的重点，企图按照自己的想象重建世界秩序。

正如美国进出口银行向国会报告的那样,全球贸易格局已被"武器化",而美国迄今尚未在战略上对贸易和与有关贸易的机构给予足够重视,结果是使其处于竞争劣势。与"使美国再次强大"口号一致,改革世界贸易组织、重新制定世界关税和从贸易入手专注改善国家安全已成为所有工作的重中之重,并且这些都要在"特朗普时间"内得到解决:不能耗上几年,而是得在几周之内,除非必要时才允许用几个月时间。显而易见,对于世界其他地区的人们来说,这无疑是对全球化和融合趋同的正统观念的一次冲击。

甚至特朗普看起来似乎也没有错。实际上,在欧洲出口信贷机构的角落中,颇有一些人承认他是正确的,"中国改变了游戏规则,用金钱和强硬的非贸易壁垒使我们连在自己的后院都很难与之竞争,更不用说在全球了"。美国的变革策略只不过是比较让人难以接受罢了。新自由主义和货币主义取得了一致,它的立场很明确:美国优先,你要么习惯它,按我们的规则来,否则就根本别玩。美国的态度咄咄逼人、毫不妥协而且直截了当。美国的盟国们也逐渐开始采用类似的做法。这表明,在一切表象之下,他们认为特朗普说的话或许还是有些道理,只不过他说话的方式和做事的手段让世界其他地区的人们难以接受而已。

融合？什么融合？

在世界上有两个军事大国，各自都用枪炮瞄准对方，游戏看似规则简单，其实不然。毕竟，当一种力量试图迫使另一种力量陷入失败，这需要很复杂的策略。然而，目标是取胜，规则也十分明确——任何能够加强自身力量并使对方显得更弱的事物都是有效的。结果同样明白无误，由于各国的武器威力如此强大，而且它们的外交政策影响如此之广，以至于任何一方也不可能胜利，即使获胜才是彼此斗争的目的。如果一个国家发射核导弹，另一国必将报复，最后导致一切都被摧毁。

冷战的结束和随之而来的"融合"时代表面上使战略显得更加复杂。如果能引导所有国家都服从于有规则的自由国际秩序，使它们拥有共同的经济和军事利益，那么多边主义而不是国家主义就是更有益的选择。当民族国家被纳入一个超国家组织的网络，它就不再需要外交政策，因为当两个国家能在一起做生意时，它们就不会打仗。那么，为什么美国会觉得融合时代已经结束，而世界规则需要根据自己的条件进行重新调整呢?

第一个原因是"融合"的概念本身或许就是一个谬误。1990年以后,驱动美国外交政策走向的有两个愿景,一是壮大发展其"军事优势",二是推广扩大其经济优势。为此美国允许以前被视为竞争对手的国家加入其自由主义体系,它希望这样做可以使它们从美国的技术、军事、政治和经济实力中受益。这个想法是要打造一个以美国为中心的"单极"世界,使以前不共戴天的"敌人"能在诸如气候变化和经济发展等共性问题上一致努力。"贸易而非援助"是这个时代最重要的准则。

然而,美国真正在做的,是制定一个全球领导者地位的传承计划。用托马斯·J.赖特的话说,它正在建立一个全球秩序,"这个全球秩序可以通过融合而在美国的衰落中生存下来",使权力的指挥棒可以从美国无缝地传递到别的国家,例如中国,而任何一个国家的财富或福利都不会恶化。现在,所谓的"亚洲四小龙"(Asia Tiger)或"金砖国家"(BRICS)的成员联合起来,都有能力超越美国的主导地位,因为除了俄罗斯之外,它们的经济实力明显不断增强,更重要的是,它们(尤其是中国)的贸易顺差也在扩大。

显然，从美国的角度来看，这不是可持续的外交政策。可以说，这场博弈已经从原先双方都可以取得各自价值体系的胜利的局面，发展到了整个世界都可以取胜但最终只有美国将会输掉的局面。在冷战结束之前，认输简直就是冒天下之大不韪，因为承认失败就意味着军事力量的失败。核武器的存在使冷战变成僵局，貌似双方都取得了胜利，因为双方都可以保留道义上的制高点。融合时代意味着外交政策被纳入更大的多边利益来考量，并通过那些最温和的权力施加影响：比如，"酷不列颠"（Cool Britannia）。

美国目前兴风作浪的第二个原因是，融合导致美国与其经济和军事伙伴之间存在不平衡。正如已经指出的那样，俄罗斯和中国对与美国开展经济合作持非常开放的态度，它们希望这有助于自身经济发展，但它们并不认为西方所谓的自由的国际秩序对自己的制度是良性的。早在2007年，普京便在当年的慕尼黑安全会议上严词抨击美国，这种融合就显示出紧张的迹象。2012年起，自由秩序的裂痕已经非常明显。奥巴马总统为使中国加入20国集团付出了外交努力，但正如赖特所说，当时的中国已是一个拥有强大军事和经济能力的中国，不必"韬光养晦"，而是要重新成为全球大国，就像历史上它曾经所处的地位那样。

最后一个原因是，当初低估了融合带来的对美国乃至对整个世界的安全威胁的复杂性。一些非国家行为者（例如恐怖分子或计算机黑客）与较小的"流氓"国家一起，利用可察觉的知识产权盗窃来进行威胁，制造了更复杂的安全环境。对于美国军方而言，这模糊了冲突与平民生活之间的界限。用法学家、曾任白宫国家安全顾问的罗莎·布鲁克斯（Rosa Brooks）的话说，"我们所有先进的新技术和先进的法律理论，都模糊了战争的边界，使战争蔓延并渗入了日常生活中"。游戏已经改变，美国的新战略正使得竞争与胜利两个概念的内涵之间的界限模糊化。例如，通过对恐怖分子"宣战"，恐怖分子就成为了一名士兵，他们的事业就被合法化了。因此，为了消除恐怖主义，必须"打败"敌人及其事业，这意味着需要战略，而战略必须制胜。

在金融危机之后，所有这些因素加在一起，催生了民粹主义，而经济民族主义也如影随形。当融合的结果逐渐显现，发达国家和新兴市场国家的民众都感到了"另一方"的力量已超出了他们的控制范围。这使他们觉得自身的安全和经济福祉都受到了威胁。换句话说，他们认为自由国际主义力量向他们本国以外的国家赋予了权力，使别国可以控制他们生活的某些方面，而作为个人他们对此情形完全无能为力。在这场合作游戏中，除中产阶级和大都市精英阶层之外，每个人似乎都感到失落，其结果是英国脱欧和特朗普的"让美国再次强大"运动应运而生。

图 5 显示了在服务业项下各类贸易活动中美国对华贸易的顺差，该图清楚地说明了现任美国政府为什么会认为其中存在问题。

美国对华服务贸易出口值在 2011 年至 2016 年之间快速增长。部分原因是基值较低，但也反映了中国在进一步融入全球经济秩序之后其购买力指标不断攀升的情况。尽管预计到 2021 年其年化增长率将大大降低，但仍是可观的。

这很重要。服务业项下的贸易是知识产权以知识和思想的形式跨境转移的活动。图 5 的另一个值得注意之处是，美国对华出口的前十大类商品服务中有五个与知识产权直接相关：政府服务（通常是军事和教育领域）、研发使用许可证、信息服务、研究与开发、知识产权使用费。棘手而又自相矛盾的是，美国服务业的顺差可能会加速知识产权和知识转移。

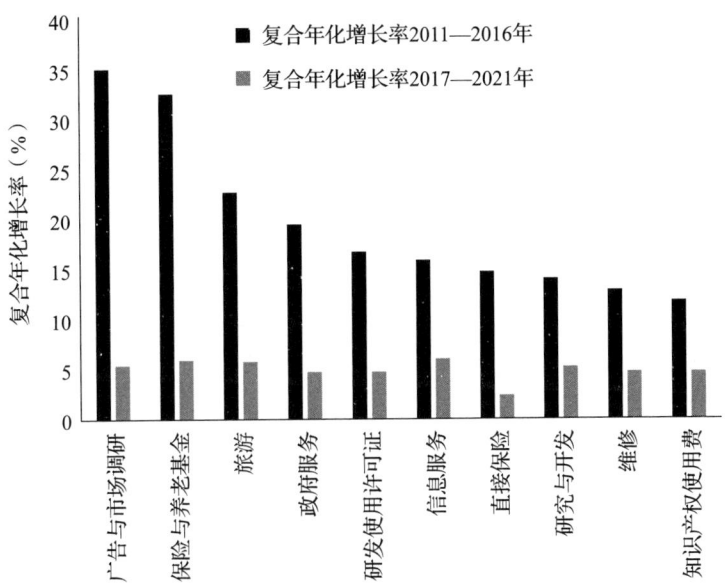

图 5 美国服务业项下对华出口金额前十的业务,2011—2016 年和 2017—2021 年(预期),以复合年化增长率(CAGR)表示

数据来源:科氏技术公司,2019

"让美国再次强大"和贸易的作用

特朗普在竞选期间的主要观点是,美国在冷战后的战略使它舍弃了自主和自由的"天赋权利",偏离了自己的建国价值观和信仰,而这些才是使美国成为历史上最伟大国家的力量源泉。国外的产品和服务侵入了美国人的生活,似乎在农业、制造业和钢铁等传统经济部门取代了支持就

业和民生的国内政策，使人们对美国价值观在国际与国内作用的认同感越来越低，甚至产生怀疑。

本质上，"让美国再次强大"运动的基本原则是如果美国优先照顾好自己，那么它就可以照顾好其他人："强大的美国不仅符合美国人民的利益，也符合世界人民的利益。他们希望与美国合作以追求共同的利益、价值和抱负。"正如特朗普2016年竞选时的贸易顾问彼得·纳瓦罗向银行和企业界的选民所说的："美国优先并不意味着美国独家。"也就是说，通过自身强大，美国可以更好地帮助世界上其他国家。

这个战略是"看谁先示弱"的冷战博弈的改编版，当时美苏选择用核威慑替代全面军事对抗。这个战略旨在增强美国的政治、军事和经济实力，并利用其现有的实力，特别是技术上和经济上的实力，迫使其他国家服从于美国。

美国《国家安全战略》对于其为何采取这种立场的解释再明确不过了："其他国家在滥用我们帮助建立的国际机构，而我们对此视而不见、无动于衷。它们补贴了自己的行业，强迫进行技术转让，并扭曲了市场。这些以及其他类似行动都对美国的经济安全构成了挑战。"同样清楚的是，美国将国家安全和经济安全视为一体。美国国家安全战略说明它不打算手下留情，尽管没有战争的意图，但美国将会在经济和军事上捍卫自己的利益。

但是，有趣的是，《国家安全战略》看上去几乎是一份经济政策文件，它读起来更像是产业报告而非国家安全战略。它是特朗普政府应对新竞争格局的战略的核心。有四个国家被指对美国的安全构成威胁：中国和俄罗斯，以及朝鲜和伊朗。然而，《国家安全战略》的大部分措施实际上是针对中国的，因为美国认为中国对其构成了系统性的威胁，包括：知识产权盗窃、网络安全风险、不公平贸易行为、强迫技术转让和补贴大量的国有企业，还有故意让人民币贬值和"武器化"的产能过剩。

《国家安全战略》明确否定了奥巴马、小布什和克林顿政府的融合思想。它辩称，美国再也不能认为融入美国主导的国际秩序将使一个外国政权变成良性的。这个报告以各个国家都致力于在技术、核威慑能力和常规军事能力方面赶超其他国家为由，为其政策进行辩护；强调需要特别关注数据和信息流一旦被一些国家用来获取权力将带来的什么样的风险，并声称"利用数据的能力是美国经济持续增长的基础，是压制敌对意识形态、建立和部署世界上最有效的军事力量的前提"。

美国自以为软弱的原因是显而易见的：它支持国际自由主义时，就削弱了自己在军事、经济、技术和政治上的霸权地位。《国家安全战略》认为，其新战略是使用"一切适当手段"，以进一步履行政府保护人民、维护繁荣、通过实力维护和平和促进美国利益的责任。它在一定程度上是有强制性的，但是这种加强美国主权的战略"不会强加于人，而是鼓励对等的合作"。

美国《国家安全战略》总体分为三个层次，自上而下分别从国家安全、国防和军事层面谋划如何采取直接行动支持美国政府履行责任。首要的是美国政府将不惜一切手段制止中国和包括美国的盟国在内的其他国家的不公平贸易行为。从这个报告可以明显看出，世界贸易组织的制度被认为是不公平的，而美国明确希望做出一些改变。用特朗普的话来说："如果他们不采取行动，我将退出世贸组织。"同样，很明显，美国也将本国和竞争对手之间的贸易逆差视为对方不公平做法的结果，认为对方的做法阻止了美国公司的出口。对于中国以及美国的盟国，该报告表明了美国的战略重点：达成新的贸易和投资协议，结束外国腐败，与志同道合的伙伴合作，以及通过竞争和改革推行"公平经济秩序"的规则。

在美国《国家安全战略》中,处于最突出地位的是贸易,包括与之相关的贸易制裁、关税和贸易体系规则,以及保护数据和信息流免受网络攻击和知识产权盗窃。这个报告还在贸易问题中有机结合进了军事和国土安全方面的政策。信息很明确——美国认为中国之所以有今天这样的实力,是因为它已经融入了全球经济和知识产权体系,因此美国必须从这个体系入手来削弱中国的实力,从根本上解决问题。

战略如何落实为行动?

特朗普政府的举动大多是通过一种不同寻常的媒介传达给公众的,那就是每天清晨他发在自己的推特账号上的推文。这不免使得政府的战略方针显得有些混乱和矛盾。从博弈论的角度来说,这种做法是不理性的:美国与别的国家在多个领域存在竞争,特别是在与中国有关的领域,这种似乎"非战略"的做法,会加剧美国的风险,使它陷入无法稳定的长期"下行螺旋"。

然而,美国目前应对战略竞争博弈的方式并非什么不理性或非战略的。我们仔细回顾一下上述的美国《国家安全战略》就可看出端倪。

- 贸易目前是表达外交政策和国家实力的工具。贸易中不公平的现象在美国公众眼中最为明显，因此，借此入手最方便向公众阐明重新平衡世界权力关系的政治问题。
- 打贸易战的武器很简单，而且有迹可循。它们是语言和文字：好战的言辞会加剧紧张局势，带来关税和制裁，可它们对美国伤害最小，不妨碍美国对经济增长和财富的追求，却会影响其他国家的运作方式。
- 军事战略处于支持位置，为的是在与朝鲜、伊朗等国家打交道时和保护美国国土安全方面有备无患。特朗普总统本人以及美国《国家安全战略》均明确表示美国将"保护自己的利益"，但不会故意发动战争。
- 对数据，以及对承载数据流和信息流的知识产权和网络空间的控制权，正在不断收拢和纳入管控，这是确保美国继续保持其全球领导地位的关键。

美国必须保卫自己，因此，能否与中国保持稳定的关系是一个伪命题。正确的问题应该是：为什么中美关系稳定下来了？即使从表面看这种表达不太准确，但两国之间当前的僵持或脆弱的均衡确实算是一种稳定。

其背后的原因如下：美国已经提高了赌注，至本书撰写之际，美国已对价值 2000 亿美元的中国进口商品征收了 25% 的关税。中国已对此进行了最大程度的报复，对美国向中国出口的 1100 亿美元商品加征关税。美国可以对另外 3250 亿美元中国进口商品进一步提高关税，但此外，冲突升级还可能会涉及非关税壁垒，例如：设立与中国科技公司开展业务的壁垒或美国公司的"黑名单"，以及隐藏的监管障碍，甚至是制裁。美国知道中国在 5G 通讯这个领域有很多张牌可以打，所以它提醒其盟国和美国公司注意与中国在 5G 网络中合作的安全隐患，以求先发制人。它指责华为违反了对伊朗的制裁规定。它阻止了自己的技术公司与存在潜在安全威胁的中国公司合作。结果，中国跟进并草拟了自己的美国企业黑名单，更重要的是，为了削弱美国能源利益，中国对进口美国液化天然气征收了关税。

这很关键，因为中国是液化天然气的主要消费国，对进口液化天然气加征关税看起来有悖常理。中国重视液化天然气进口，因为大量使用液化天然气作为替代能源就是它的环境友好的能源政策的有力佐证。图 6 显示，美国实际上是中国的第五大液化天然气来源国，尽管美国生产的液化天然气大量销往中国,并且每年在中国所有液化天然气进口中所占的份额一直在增长,但其增长速度并没有中国从其他国家(比如澳大利亚)的进口增长得那么迅速和显著。

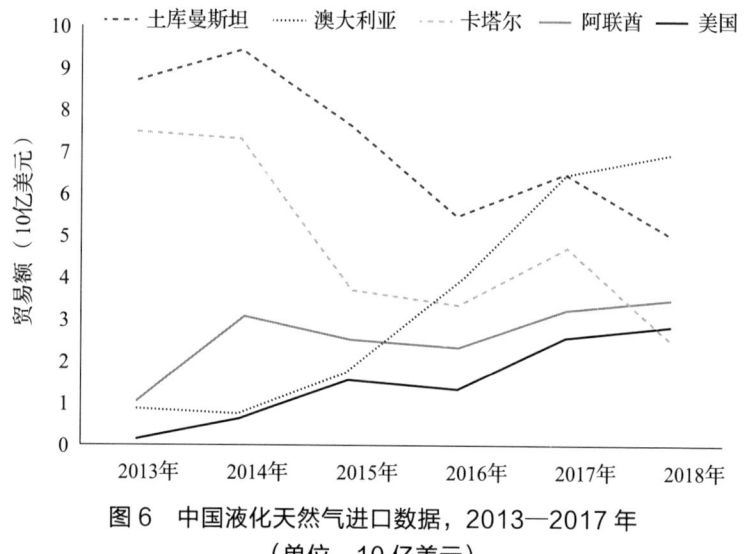

图 6　中国液化天然气进口数据,2013—2017 年
(单位:10 亿美元)

数据来源:科氏技术公司,2019

美国贸易代表罗伯特·莱特希泽明确表示,贸易谈判非常复杂,把贸易谈判做好对美国的长期利益至关重要。不仅是与中国的谈判,所有谈判都是如此。但是中国具有标志性意义,因为它是美国《国家安全战略》中确定的核心战略竞争对手。美中贸易谈判是重新制定 WTO 规则的

一个试验案例,因为美方认为美中贸易具有非互惠性质,损害了美国的利益。目前的任务是找到一个在法律和政治上都能延续的架构。美中贸易谈判在2019年5月陷入停滞的事实表明,如果不加以制止,这种针锋相对的"贸易军备竞赛"将变得危险。在没有任何余地使用军事手段的情况下,贸易已成为一种威慑,警示着更大范围的金融和技术行动。

自特朗普政府《国家安全战略》首次发布以来,人们已经清楚地看到,在这一时期,美国一直在公然地阻止世界贸易组织发挥其争端解决职能。世界贸易组织的争端解决机构(DSB)是最多由七名上诉法官组成的法庭,负责对贸易争端的上诉案进行调停和审理。但是,他们的任命和重新任命必须得到世界贸易组织所有成员国的批准,每当有法官任期届满,美国就阻挠其改选。因此争端解决制度陷入停顿。这件事是具有战略意义的——美国正在利用任命制度来迫使世界贸易组织在知识产权保护和数字贸易方面进行改革。

值得思考的是,在美国重新定义它与世界秩序,特别是它与世界贸易组织的关系的过程中,中国起了什么作用。中美在2019年5月贸易谈判陷入僵局的原因之一是中国坚持对等的争端解决体系。美国认为它不能保证中国会"真诚地"遵守任何协议的条款,因此某些上诉权是必要的。中国从原则上接受了这一要求,但认为必须有相互认可的执行机制。

这很有趣,因为任何执行机制都将直接与中美谈判中的关键领域相关,包括:贸易平衡、购买美国农产品和工业品、知识产权制度、金融市场准入、网络安全和汇率操纵。关于这些事项的协议本可以在双边基础上达成,而无需世贸组织介入。十分清楚的是,双边协议将确保中国作为世界最大贸易国的地位得到承认,这就是中国力主就此签署双边协议的缘故,它的态度是要让中国与美国对等的实力地位得到确认。但是,我们尚不清楚美国有何理由会接受中国的这一要求。

然而,如果美国同意世界贸易组织之外的双边执行机制,这会进一步削弱世界贸易组织的地位,从而向它施加更大的改革压力。唯一的问题是,对于美中双方而言,非世界贸易组织的协议均不可强制执行,因此有着内在的不稳定性。这就是那些正在进行的有关磋商所面临的挑战的实质。

在与世界其他国家和地区的谈判中,美国也坚持同样的立场。美国对日本、欧盟、英国和北美自由贸易协定国家的谈判立场在态度和形式上都是相同的,关注的领域也相同,即:贸易逆差、美国农业和制造业、知识产权和网络安全、市场准入(尤其是政府采购合同)和汇率操纵。美国的战略是对其盟友施加影响——不仅在贸易和数字领域,也包括在 5G 等前沿技术方面的合作方式,而且还包括货币政策方面,因为利率调整决策至少在短期内会影响货币价值。

美国与其盟国的贸易同样具有战略性和强制性。用博弈论的术语来说,美国试图不仅影响其对手的行为,而且也影响其伙伴的行为。美国《国家安全战略》明确表示,美国将按照自己的意愿与"志同道合"的伙伴合作。为达成新的《美国 - 加拿大 - 墨西哥协定》(USCMA)而进行的谈判以及为与欧盟和日本达成类似协议所进行的谈判只是权力的声明。美国不愿意再玩与其他国家融合的游戏。它用自己的规则定义了自己的游戏。如果有谁想参加,它们必须遵守这些规则,而不是抱着冷战后时代的主导规则不放。

贸易在其他两个领域被用于实现非贸易战略目标。首先,美国《国家安全战略》指出伊朗和朝鲜是危险的,需要加以控制。朝鲜的核试验问题是最突出的。中国与朝鲜的贸易额占朝鲜对外贸易额的85%左右，它可以制衡朝鲜，阻止朝鲜滥用军民两用产品。（见图7）

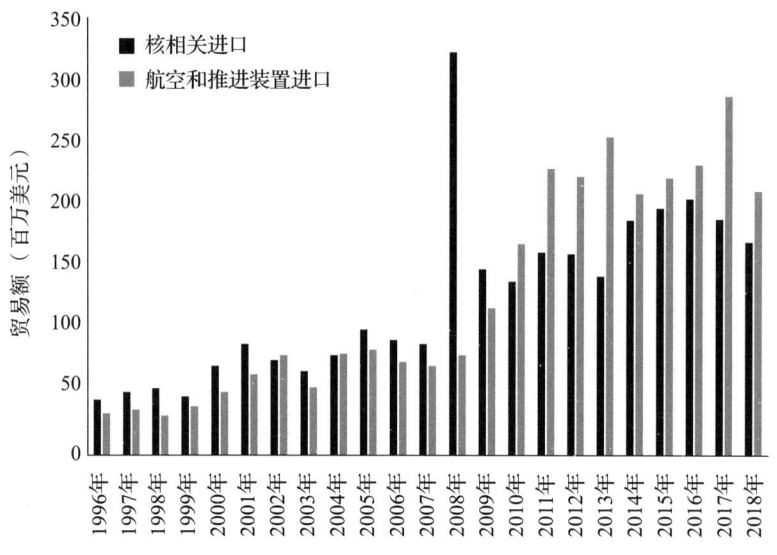

图7　朝鲜有关军民两用商品的进口贸易额
（包括核相关进口、航空和推进装置进口），1996—2018年
数据来源：瑞贝卡·哈丁、杰克·哈丁，《贸易武器化》，2017年

图7所示的时间段是与融合和自由国际主义相关的年代。图7表明，在2009年5月25日朝鲜进行第二次核试验之前的一年，它得到了有关核物资进口。另外，尽管朝鲜同意在2012年停止其远程导弹试验，但数据显示，它进口的与航空航天和推进设备有关的军民两用物资仍在增加。

尽管目前没有证据表明这些贸易源自何处,但结论很简单:这些贸易使得原本处于封闭状态的国家能够获取相关物资来发展核计划。

中国已成为美国的一个明显目标,两国之间的早期磋商着眼于双方与朝鲜有关的共同问题:对中国而言,朝鲜是一个不可预测的盟友,而对美国而言,朝鲜则是核威胁。朝鲜问题是中美之间早期较量的代表性问题,中国遵守联合国对朝鲜的严厉制裁措施,可以看作是试探性地步入由美国实际主导的国际路线。

讨论此策略的有效性不是我们的目的。但是有趣的是,为了得到重视,朝鲜一直挑衅美国,直到国家首脑级会面为止。由此产生的僵局很可能随着全球国际体系的另一次重新调整变成长期解决方案。

伊朗也属于这一类情况。2018年,美国退出了2015年达成的《联合全面行动计划》(Joint Comprehensive Plan of Action),以限制伊朗的核能力。由于伊朗和恐怖组织存在联系,并且存在不遵守上述核协议的表现,因此美国认为它不值得信任。此后,美国采取了一系列制裁措施,禁止与伊朗以及与伊朗有关的任何个人和实体,进行与网络和核活动相关的贸易。

从金融角度来看，大规模制裁给伊朗经济造成了严重的困难，并使世界贸易体系变得更加复杂。由于美国将不与伊朗进行贸易，因此任何以美元计价的贸易实际上都被关闭了交易渠道。对个人和机构的制裁措施织起了一张复杂而多变的合规网络，将那些希望在伊朗开展业务的银行和企业拦在外面。可以说，美国的目标不仅是伊朗政权和与之相关的可能构成"个别威胁"的实体与个人，也包括伊朗生产的石油。出现这种情况有两个原因。首先，在2016年取消了40年的石油出口禁令之后，美国已成为石油净出口国。其次，霍尔木兹海峡对全球石油贸易至关重要，每天通过这条航线的石油大约有2100万桶，约占世界石油产量的五分之一。

这对世界贸易体系的影响是双重的：一则，增加了全球银行合规职能的复杂性；二则，向盟国进一步施加了压力，要求它们服从美国的战略。后一点很重要，因为它推动了欧洲企业寻求其他贸易机制，使它们能够继续做生意。例如，贸易往来支持工具（The Instrument in Support of Trade Exchanges，INSTEX），它是一个由英国、德国和法国设立和支持的，旨在帮助那些想与伊朗进行贸易的企业获得融资的特殊结算机制。有关它的情况，我们将在随后的章节中再详细讨论。但有趣的是,很多贸易企业,本来是这一特殊结算机制的目标用户,但这些企业考虑到自己已经或将来要使用"环球同业银行金融电讯协会"的全球联行结算系统,十分担心美联储的监管反弹,竟然纷纷决定不再与伊朗做贸易了。

尽管伊朗继续挑衅美国,但美国尚未动用武力来制服它。这表明与贸易战略相比,美国的军事战略在外交政策中相对并不重要,也表明美国对重绘世界贸易路线的渴望。2019年6月,伊朗在其领空击落了一架美国无人机。尽管美国在该地区增加了军事力量,并暗示会有军事后果,但特朗普总统在最后一刻撤销了空袭计划,并指出这不是适当的反应,因为有可能会造成人员伤亡。

考虑到美国在中东其他地区的军事战略,伊朗是否只是美国重新调整那些在冷战后时代主导贸易和外交政策的超国家全球组织的又一个工具?就像对伊朗所做的那样,美国还做了几件事情:它使以色列与叙利亚打交道合法化;它抛开了在联合国层面达成多边协议的做法,采用了不同的外交政策和手段;通过实施制裁,使它的盟国为避免巨额违规罚款不得不和美国保持一致。美国还确保了所有金融通讯和交易流始终围绕美国利益,换而言之,它在数字贸易世界中保留了美元霸权。正如美国《国家安全战略》所明确指出的那样，美国不想在军事上发动战争，但这并不意味着它将回避冲突，因为它的目的是围绕美国利益再平衡世界贸易规则。

美国政策的另一个领域更接近国土安全，但同样也通过贸易来解决。美国与北美自由贸易协定国家之间存在预算赤字，并认为新兴的墨西哥特别成问题，因为墨西哥和美国传统铁锈地带在中间制成品的生产和贸易领域产生了竞争，比如：汽车零部件、电子元件、机械设备等。实际上，墨西哥已成为美国的新中国——大量供应链生产已从美国撤走，并转移到了北美自由贸易协定其他成员国家。

美国与北美自由贸易协定其他成员国的谈判立场，象征着美国在农业和制造业就业问题上的立场，并涉及直接与国内听众的对话。特朗普政府表示，墨西哥已经抢走了大量工作机会，特别是自1994年《北美自由贸易协定》签署以来，很大程度是因为墨西哥把许多工作岗位的薪酬设计得大大低于美国的最低工资标准。对墨西哥劳动力的依赖，结果是使美国经济实力丧失。美国认为，加拿大也不是一个无辜的旁观者，它对美国农产品所征收的关税高于美国对同等进口商品征收的关税。解决这些问题是特朗普竞选活动时的核心承诺。

在撰写本书时,《美国－加拿大－墨西哥协定》仍在等待美国国会批准。但是其关键内容涵盖了协定区域内与美国汽车供应链相关的原产地规则、为防止降低墨西哥工人的工资而设立的保护工人权利和工资的条款,还有通过提高公平性来改善北美农产品贸易的承诺。它还包括有关知识产权和采购的条款,这些规定将专门确保美国企业能够与墨西哥和加拿大企业竞争。

《美国－加拿大－墨西哥协定》不涉及美国《国家安全战略》的核心问题,即边境安全问题。该问题已于2019年6月得到解决,当时美国威胁要对墨西哥商品加征关税,它宣布,如果墨西哥不就限制非法越境进入美国的移民数量达成协议,美国将把关税从5%提高至25%。墨西哥几乎立即表示愿意达成协议,而这一事件标志着美国以国土安全为由强制使用关税工具威压它国就范的一个重大转变。

唯一令人惊讶的是,这一切都取得了成功。美国《国家安全战略》于2017年发布。它准确地完成了一份战略纲领文件应做的工作:识别风险,认清差距,采取措施来降低风险和巩固利益。它很清楚地表明，对冷战后自由国际主义的体制、结构和假设进行重新调整，贸易是一个适用的现代外交政策武器。面对任何一个国家和地区，美国的谈判姿态都是：以冒险的边缘政策开始，然后向对方施压，最后以一种可以被视为"美国利益优先"的价值观"获胜"的安排收场。这正是我们在第三章中提到的零和博弈战略理念，在美国的眼里，对手的损失就是美国的收益。

05

第五章

中国:持久战

担任中共中央总书记以来,习近平将中国置于世界舞台的中心。他的"中国特色社会主义"政治思想,把中国作为一个贸易国家悠久而丰富的历史,以及成为未来全球化和开放的世界贸易体系的领导者的愿望,创造性地结合到了一起。习近平的目标是实现中华民族伟大复兴。他的政策还包括,保护环境和支持可持续发展,发挥中国模式的影响力,向那些迄今无法参与世界贸易体系的国际社会成员提供解决经济发展问题的中国方案,最重要的是,提高中国在制造业以及数字与人工智能等新兴科学技术领域的自给自足能力。这场大国博弈,如果确实存在的话,中国并不打算以与美国同样的方式来"获胜",而是要为中国模式赢得影响力。

自2017年,习近平新时代中国特色社会主义思想已载入中国宪法,他的立场和思想已被传播到这个自金融危机以来似乎群龙无首并对什么是"自由国际秩序"感到困惑的世界上。在全球经济增长乏力和集体对资本主义身份深感危机的背景下,中国的增长似乎非同寻常。现在,西方觉得中国构成了竞争威胁,特别是它妨碍了美国在金融市场、数字经济、技术以及制造业和贸易方面的霸权。而制造业和贸易方面的霸权对美国很重要,一旦削弱则会动摇美国国际霸权地位的合法性。

可以说,中国的战略挑战与本书中的其他案例略有不同。中国之所以成为强大的国家,是因为其长期不断改革的结果,而不仅仅是因为它在21世纪初期加入世界贸易组织后融入了自由经济秩序。正如英国独立经济学家和评论员、牛津大学中国研究中心特约研究员乔治·马格纳斯(George Magnus)所说,中国共产党官员认为,中国在毛泽东的领导下"站了起来",在邓小平的领导下"富了起来",在习近平的领导下"强大起来"。

然而,这一总结没有揭示中国内部许多复杂因素,这些复杂因素塑造了中国目前对外政策和经济政策的结构。中国不仅面临着环境退化和可持续发展的挑战,这方面最明显的例证就是它的主要大城市的严重污染,而且中国也面临着任何新兴经济体所共有的问题的挑战。中国的人均年国内生产总值为10000美元(美国为65000美元),因此,当我们谈论中国技术优势的威胁和它成为制造业超级大国的愿望时，我们必须记住，中国目前尚不具备足够的财富水平，比如，它尚无足够财富资格成为经济合作与发展组织成员。借用金融专栏作家、评论家安贾尼·特里维迪（Ajanani Trivedi）的话来说，中国很可能会调整其增长目标，尽管不会放缓与实力相关的发展指标，但实现这些目标还有很长的路要走。中国面临的最大挑战集中在一个二元性问题上——中国作为全球大国的地位与它作为新兴经济体的地位存在冲突。

国内外交政策？

西方认为，中国的国际关系不透明。如果中国参与外交政策博弈，外界很难知道它将如何出牌，或者实际上谁是玩家。但是，外界对中国外交政策的看法中，说它"自信"甚至"咄咄逼人"的评论一直不少，这种情况自2010年以来尤甚。军费开支的增加加深了外界这种感觉，因为中国现在是世界第二大军事装备进口国。中国在南中国海建造人工岛屿，并与日本发生直接接触——2012年日本政府"购买"了钓鱼岛之后，中国向钓鱼岛派遣了巡逻舰和战斗机。中日两国都声明在历史上拥有这些岛屿的管辖权，尽管它们之间的摩擦没有恶化成为军事冲突，但这确实导致两国之间的贸易在两年内大幅度减少。

中国的外交政策主要关注其经济利益和国家主权，尽管对这一政策外界评论众说纷纭，但从本质上讲，它仍然遵循当时周恩来总理在 1954 年提出的和平共处五项原则，它们是：互相尊重主权和领土完整、互不侵犯、互不干涉内政、平等互利与和平共处。这与苏联领导人尼基塔·赫鲁晓夫（Nikita Khrushchev）确定的马克思列宁主义的和平共处原则类似，但有三个重要区别：第一，中国的外交政策包括坚持自由贸易；第二，它把国家主权放在首位；第三，它将台湾视为中国不可分割的一部分，把它排除在共处定义之外。

这种对贸易和民族主义的关注是中国外交政策的重要特征。中国当前的战略，包含了中国的增长和经济发展的目标，旨在促进中国人民的福祉。尽管语言可能听起来变得有些咄咄逼人，但中国的战略，包括"中国制造 2025"和"一带一路"倡议，只是应对中国眼中那些针对中国的战略威胁，就"一带一路"倡议而言，旨在让中国回到本就属于它的全球力量的中心。目前关键症结在于西方是如何看待中国的。正如亨利·基辛格在 2018 年的一次采访中说的那样，美国和中国有某些非常相似之处，他说："这是两个自信在政策执行方面具有特殊性的国家。我们（美国）基于民主宪政的政治制度；中国基于它那可以至少追溯到孔子并在漫长历史中不断演进的独特实践。"

从这个意义上讲，中国继承了它传统的博弈思想，发挥的是经济影响力，而不是动用军事力量。中国的外交和国内政策是紧密联系、难以区分的，而在当前范式转换和过渡的环境下，很容易被西方误解。

战略

马格纳斯指出了中国目前面临的四个战略威胁，或称"陷阱"：债务、人口老龄化、人民币作用的不确定性以及中国作为中等收入经济体的地位。他补充说，中国还存在一个问题——信任，而这也许正是自金融危机以来中国经济一直呈指数级增长的记录能否在目前条件下继续保持下去的最大威胁。

这个信任问题在以下三个方面表现得最为突出。第一是关于中国的主导产业政策中国制造 2025。它是建立在日本和德国工业政策（工业 4.0）的基础上，旨在推动中国从世界工厂向自主创新和制造业强国发展，并在知识产权开发和可持续发展方面发挥领先优势。第二是关于"一带一路"倡议。它计划沿着古老的丝绸之路扩展中国贸易模式，在横贯欧亚大陆直到俄罗斯和中东的广大区域内，对港口和海上能力以及基础设施方面进行大量投资。第三是关于中国对南中国海的主权，这不仅与许多东南亚国家联盟（简称东盟，ASEAN）国家的利益冲突，而且与日本、澳大利亚和美国在该地区的利益冲突。

本章将通过案例研究来分别探讨上述问题。中国领导人认为美国的好战表现里存在一些空间，这正好为中国在上述三个领域更明确地表达雄心提供了时机。尽管中国确实存在债务问题——2018年中国债务总额约为5.2万亿美元，约占中国GDP的48%。但问题是——这样的债务水平是否对中国模式构成致命打击，并会令其收敛雄心？还是会促使中国政府采取比目前更直接的方式来打造全球影响力？

中国制造2025

中国制造2025不是中国第一个产业战略，但它是最雄心勃勃的。我们来看看它是如何通过制定下列战略目标来解决马格纳斯提出的四个陷阱的。

- 在价值链的高技能端创建注重质量和可持续发展的创新驱动型制造业基地。
- 提高中国工业的生产能力和绩效，并加大技术投资，使其能够参与全球价值链顶端竞争。目标是到 2025 年使中国制造业实现独立，并在这之前的几年时间内将国产率从 40% 提升到 70%。
- 利用国家资金，建立一个促进知识产权自主研发的整体框架，通过有效完善财政与金融扶持政策，支持高端创新，特别是在大数据和人工智能领域的创新。
- 建立一个赋予中小企业更多自主权的管理框架，包括允许它们独立制定自己的知识产权标准。
- 允许企业和金融机构开展境外投资业务。

中国制造 2025 总体框架提出要推动 10 个关键重点领域发展，包括：新一代信息技术产业、高端数控机床和机器人、航空航天装备、海洋工程装备及高技术船舶、先进轨道交通装备、新能源汽车、电力装备、农机装备、新材料、生物医药和高性能医疗器械。这些领域中的某些部门有重叠，从下面的图 8（a）和图 8（b）可以看到，自 2012 年以来中国进出口增长最大的 8 大类商品。

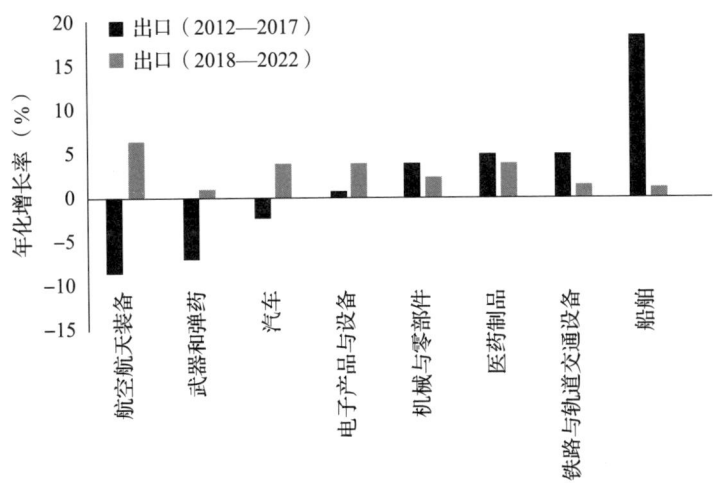

图 8（a） 与"一带一路"倡议相关领域商品出口年化增长率，2012—2017 年期间与 2018—2022 年期间比较

数据来源：科氏技术公司，2019

这些领域都是战略性的领域，其中具有双重用途的军民两用商品的比例很高，但这些贸易数字值得一看。这些重点发展领域也是中国最大的贸易领域（武器和弹药除外，仅与小型武器有关，与更大的军事基础设施无关）。自 2012 年以来，中国船舶出口的年化增长率超过 18%，运输设备和医药制品出口的年化增长率将近 5%，机械与零部件（包括电子硬件）出口的年化增长率超过 4%。航空航天

装备、武器弹药和汽车的出口,除了在2012—2017年期间没有增长外,过去几年一直都在增长,而且预计未来它们也会增长,这一预期反映出中国对"一带一路"项目的重视。

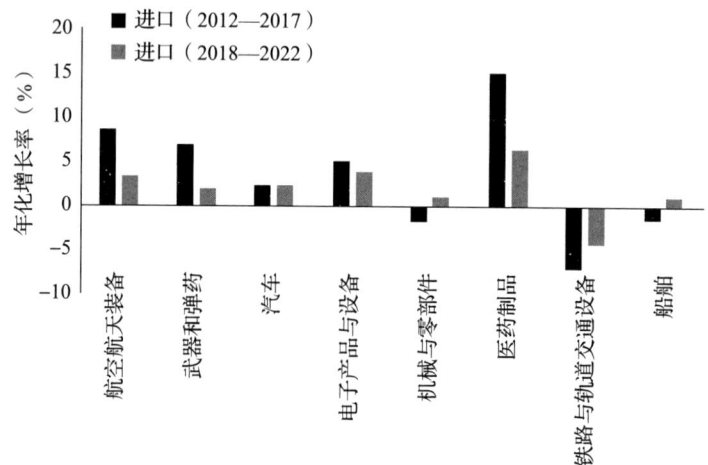

图8(b) 与"一带一路"倡议相关领域商品进口年化增长率,2012—2017年期间与2018—2022年期间比较
数据来源:科氏技术公司,2019

这告诉我们有关中国制造2025战略的几件事。首先,它向我们表明,从贸易来看,中国在基础设施方面有一定的自给自足能力。在交通设备和机械与零部件领域表现尤为显著,因为这些领域的出口增长快于进口。但是,在医药制品和航空航天设备领域,出口的增长速度似乎没有进口快。中国在医药制品领域的贸易逆差为170亿美元,在

航空航天设备领域则为近 220 亿美元。这表明中国要想在这些领域占据主导地位还有很长的路要走。

因此，中国贸易的总体状况仍然反映出它是一个新兴经济体。中国在低端制造业（例如服装和玩具）和中间制造业（例如电子产品和电气设备）中有盈余。与大约十年前相比，中国在价值链的高端领域有了更多的进步，但中国制造 2025 的全部目的是使中国进入竞争轨道，在现代发达经济体运作已久的领域开始发展自身能力。

重要的是，中国的经济模式允许依赖国家支持，而自由的市场模式下则通常不这样做。中国制造 2025 庞大的投资规模和巨大的影响力，使中国在经济上与美国成为了战略竞争对手。没人确切知道有多少资金投入这个规划，但每个人都觉得自己会碰上中国的"海量资军"。这一规划之所以在西方国家如此容易被人们曲解，就因为它是中国特色社会主义模式与中国拥有的实力的结合。

"一带一路"倡议

自 2013 年"一带一路"倡议首次提出以来，西方人士对它的分析已经发生了变化。最初，它被全球企业和金融机构视为将自身利益与中国的金融利益相结合，一起投资并共同创造一条贸易路线的机会，认为它将为"一带一路"沿线国家和地区带来经济发展和繁荣。最近，该倡议被指责为中国用以扩大权力和影响力的一种手段，尽管从前文我们对中国外交政策的分析中可以看出，中国只是在保护自己的国内利益，包括能源安全。从本质上讲，这是一项国内政策：中国不仅仅是在出口中获得贸易顺差，它也在大量出口商品，比如水泥、钢铁等，用中国的话说，这些商品贸易促进了其他国家的经济发展、和平与繁荣。

自2013年以来，中国制定了雄心勃勃的计划，打算在自亚洲至欧洲的广大区域内，进行贸易基础设施投资和建立贸易联系，并打算在东亚各港口进行大量投资，以增强其海洋影响力。由于中国的经济政策也是其外交政策，这就看似一项通过哈萨克斯坦、蒙古、俄罗斯和伊朗向上和向外扩大影响力的计划，尽管中国的政策制定者认为该计划是和平的，目的在于促进"一带一路"区域内国家和地区的经济繁荣。中国在有着2000年历史的古老的丝绸之路沿线进行基础设施投资，它这样做的目的，是向该区域内其他国家传达自己曾经历过的发展贸易所带来的好处。

如果成功的话，"一带一路"倡议每年在欧亚大陆、东亚和中东地区的基础设施支出将达到 23 亿美元。这个区域覆盖全球约 65% 的人口，占全球国内生产总值（GDP）的三分之一和所有跨境商品及服务贸易的四分之一。

在中国的整个历史上，它一直把贸易视作文化交流和区域合作的载体。现在中国更明确地用"一带一路"倡议来表达这些雄心，很可能是出于对美国的担忧——美国目前对世界贸易组织采取孤立主义立场并退出《跨太平洋伙伴关系协定》(TPP)；美国还与加拿大和墨西哥重新谈判并签署新的《北美自由贸易协定》，这也让中国对未来如何与三国打交道感到关切。中国提议的"区域全面经济伙伴关系"（RCEP）不是要替代《跨太平洋伙伴关系协定》，"一带一路"倡议既不是自由贸易区，也不是关税同盟。"一带一路"倡议只是在整个地区提供贸易基础设施的雄心壮志，它并不是要成为区域一体化的工具。

除了中国以外，我们在东亚、中东和欧亚大陆选取受"一带一路"倡议影响最显著的 15 个国家进行研究。在这 15 个国家中，中国的贸易高度集中于俄罗斯和伊朗，尽管土库曼斯坦、哈萨克斯坦和蒙古也是主要的进口伙伴（见图 9）。

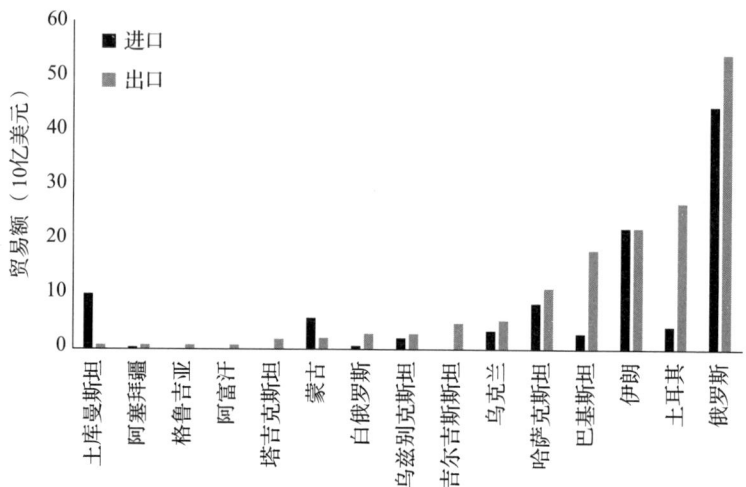

图 9　中国与"一带一路"区域内部分国家的贸易金额，2018 年
数据来源：科氏技术公司，2019

这 15 个国家都属于新兴经济体，但包括中国在内，本文所选择研究的这部分"一带一路"国家在世界贸易中所占的比重在过去 20 年中已大大提高（见图 10）。每个国家在其开始融入全球贸易体系时都面临着自己的挑战。例如，俄罗斯和伊朗都受到联合国制裁，特别是石油禁运：俄罗斯始于 2014 年，伊朗始于 2012 年。而哈萨克斯坦则深受腐败之害，腐败破坏了其吸引外来投资和通过贸易实现增长的努力。自 2012 年以来，尽管存在各种挑战带来的不良影响，但到 2016 年，这些"一带一路"国家的贸易总额仍占世界贸易总额的近 34%。

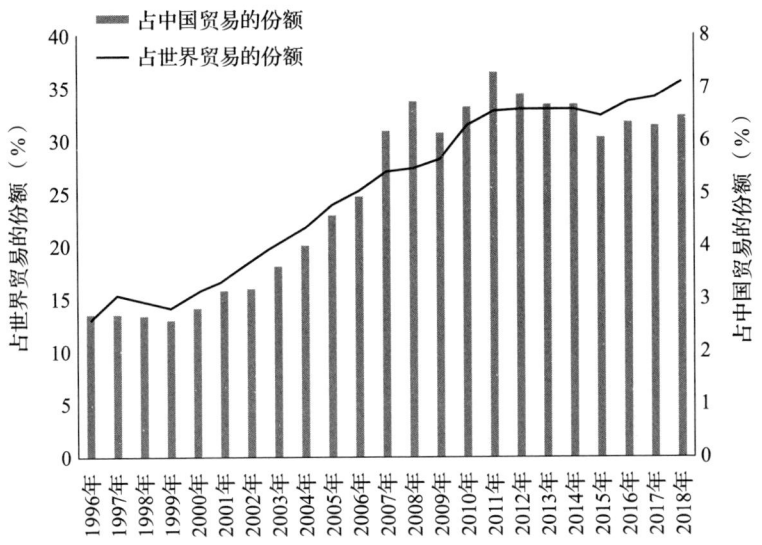

图 10 部分"一带一路"国家在世界贸易和中国贸易中所占的份额，1996—2018 年

数据来源：科氏技术公司，2019

但是，同样这一组国家（除中国外）在中国贸易总额中仅占很小的比例。尽管这一比例自 1996 年以来已翻了一番以上，但仅略高于 6%，并且高度集中在石油和天然气上。

那么，中国的利益真的是与贸易无关吗？这些国家在中国贸易中所占的份额很小，这一事实暗示了这种可能性是存在的，但仔细观察数据，就可以发现，这些国家在中国的整体能源供应方面是多么重要。

图 11 列出了受"一带一路"倡议中的"中蒙俄经济走廊"和拟建的"新欧亚大陆桥"影响最直接的四个国家：俄罗斯、伊朗、哈萨克斯坦和蒙古。2016 年，占中国进口总量 17% 的石油就来自这四个国家。在 2012 年之后，这一比例已经下降了，但是直到 2014/2015 年石油价格下跌之前，中国石油进口的金额一直非常接近。这表明在此期间中国的石油需求增加了，为满足需求的增加，中国也从其他地方进口了石油。

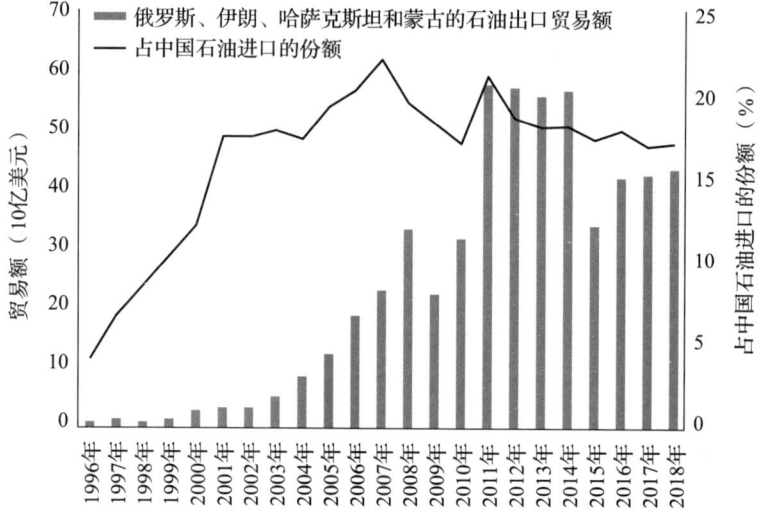

图 11　1996—2018 年，俄罗斯、伊朗、哈萨克斯坦和蒙古四国对中国石油出口总额，及其在中国石油进口总额中所占的百分比
数据来源：科氏技术公司，2019

从中国的角度来看，除了通过升级改造这一地区的

基础设施来降低本国能源供应的风险外，它还有更多的打算。中蒙俄经济走廊、新欧亚大陆桥这些路线，提供了一种更经济的向欧洲运输货物的方式，也为该地区的国家提供了基础设施投资的潜力，使它们的经济得以增长，进而能够克服目前所面临的一些政治和经济发展中的问题。

从国家层面的表现来看，哈萨克斯坦的情况很有趣。自从2013年"一带一路"倡议在哈萨克斯坦的一所大学首次提出以来，哈萨克斯坦一直渴望成为这一政策的中心。哈萨克斯坦将自己视为俄罗斯和中国之间的重要通道，因为它与中俄两国都有文化和历史渊源，它是哈萨克斯坦、土库曼斯坦、乌兹别克斯坦和蒙古等地传统游牧民族的文化集大成者。同样，它也热衷于证明它在政治和经济上都独立于俄罗斯。哈萨克斯坦是一个资源丰富的国家，在金融危机之后它立即吸引了大量外来投资，成为许多国家油气储备对外投资的重点对象，同时它也渴望重新成为一个主要的商品贸易国。

然而，就贸易而言，哈萨克斯坦的区域合作伙伴对它的重要性远不如欧洲甚至中国重要（见图12）。尽管中国是它的第二大贸易伙伴，也是它的十大贸易伙伴中增长最快的一个,但哈萨克斯坦的兴趣在于发展与欧洲,特别是与意大利的贸易。

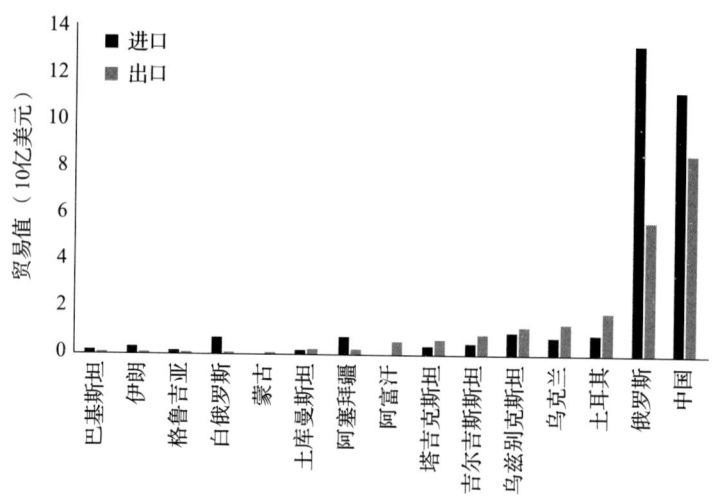

图 12　哈萨克斯坦十大出口贸易伙伴,2018 年
数据来源:科氏技术公司,2019

自从"一带一路"倡议启动以来,哈萨克斯坦与欧洲合作伙伴的贸易年增长率非常可观:与其最大的合作伙伴意大利,自 1996 年以来年平均增长率接近 22%,而与荷兰则为 21%。贸易增长诚然是因为哈萨克斯坦的石油和天然气供应非常重要,同时也证明了这样一种观点——陆上基础设施建设令哈萨克斯坦受益匪浅,因为这些设施使它与欧洲的连接更便捷、更经济。有趣的是,它在欧洲的前十大合作伙伴中增长最快的是瑞士。而这主要是由瑞士作

为金融中心在大宗商品交易中的重要性决定的，并非因为两国之间直接贸易额的多寡。

毗邻俄罗斯和中国的益处显而易见，对哈萨克斯坦而言，这两个国家在贸易上的重要性无与伦比。除了印度和乌克兰以外，与哈萨克斯坦的贸易发展最快的国家都在其边界附近。这表明"一带一路"倡议给参与国带来了有益的经济伙伴关系，这种关系即使不是自由贸易伙伴关系，至少也是基础设施伙伴关系，会使所有国家受益。而它们之所以受益，并不仅仅是因为它们都是与欧洲、中国和俄罗斯关系紧密的石油和天然气生产国。哈萨克斯坦的案例表明，一个近年与世界其他地区在贸易一体化方面曾经受挫的国家，如何在"一带一路"倡议影响下与其区域合作伙伴形成更紧密的、具有多边化潜力的贸易和基础设施建设安排，并以此为契机拓展欧洲市场。

"一带一路"倡议也越来越多地延伸到中东和北非（MENA），但在该地区，它很有可能将成为一把双刃剑。自2005年以来，中国增加了对该地区的投资，特别是对沙特阿拉伯、阿拉伯联合酋长国、埃及和阿尔及利亚（见图13）。

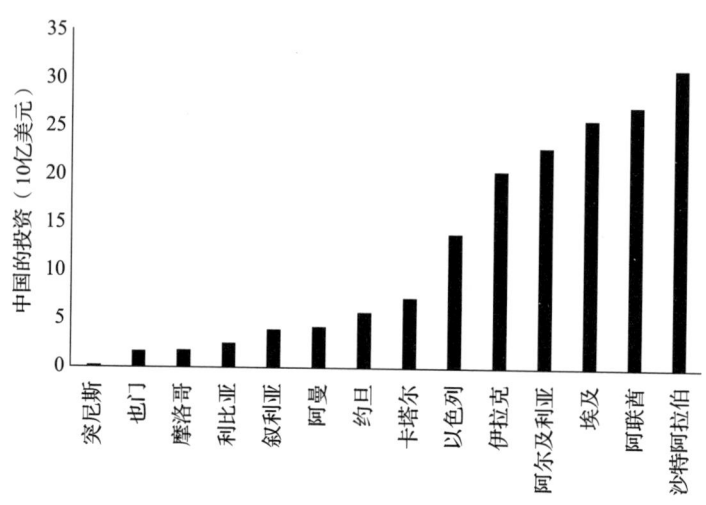

图 13　2015—2018 年部分中东和北非地区国家接受的来自中国的投资

数据来源：大西洋理事会，2019

沙特阿拉伯和阿联酋最令人关切的问题都是围绕着它们现有的债务负担和对外来投资的渴望这两个因素的。沙特阿拉伯处于更不利的地位，获得了比阿联酋更多的长期债务融资，而在过去五年中，两国都致力于发展与中国的贸易，它们不愿这一进程受到阻碍。

在中东和北非地区，失业人数往往被少报，实际数字很可能比各国公布的数据要高。而且由于该地区还常遭受叛乱和民众抗议的困扰，因此与中国企业合作和接受来自中国的投资可能并不能解决各国决策者目前面临的所有问题。对于一些接受中国投资最多的国家来说尤其如此,例如阿尔及利亚、沙特阿拉伯和埃及,其失业率目前分别为 11.6%、12.9% 和 10.9%。

那些最大的石油出口国显然是这里的赢家,但中国在该地区的投资也可能有战略上的考虑。"一带一路"倡议是中国外交政策立场的体现——如果每个经济体都在增长,而且每个人都有机会获得经济增长带来的财富,那么发生冲突和争端的可能性就会下降。由于"一带一路"倡议计划在 2049 年之前完成,因此这是一个非常长远的目标,然而中东和北非地区目前面临的问题很棘手,需要及时解决,当前目标和长远目标之间的矛盾就会比较突出。

那场要赢的比赛,存在吗?

正如我们所见,美国和中国在外交政策上有着完全不同的态度。对于美国来说,目标是尽快赢得胜利。当然,这部分是由于选举周期的缘故。而正如亨利·基辛格所阐明的那样,对于中国而言,外交政策是"概念性的"。换句话说,中国可能要花费很长时间来制定和实施它,尽管它仍然深深体现着民族主义立场,但获胜不是中国外交政策的直接目标。中国外交政策的目标是通过提高中国人民的福利，捍卫中国的主权和利益，推动经济发展。

正如"一带一路"倡议所强调的那样，中国的战略是保护自己的经济增长免受风险影响，包括整个"一带一路"地区违约的风险。它向巴基斯坦和斯里兰卡提供贷款资助其港口开发和基础设施建设就是出于这样的目的，这仅仅是证券化的外交政策，对此，这个世界，尤其是美国，还没有习惯。

中国面临的问题是，西方国家指责它的价值观并声称中国的计划并非要与各国在共同目标的基础上实现多边增长，但中国仍然需要世界其他国家，包括目前对它不够信任的那些国家。我们认为有几个因素最终会限制中国可能参与军事冲突的程度。

首先，中国需要外来资金。"一带一路"倡议未来成功与否在很大程度上取决于它。这不是因为中国没有全心全意投入这项规划，也不是因为中国没有雄心壮志通过21世纪的丝绸之路联结欧亚，通过贸易来扩大自己的影响力。"一带一路"倡议也能对中国有所帮助。比如，2013年，随着其国内经济战略转向以需求为导向的增长，中国出现了基础设施产品的供应过剩，产生了可以转向其他地方进行生产的过剩库存与产能。那时中国的外汇储备已经减少了，尽管它希望分享自己的出口主导型模式的好处，但它周边的经济区域不具备中国当时在全球化的鼎盛时期作为一个发展中国家所拥有的金融影响力。

中国自身现在也缺乏那样的金融影响力。随着经济增长放缓，它对资本外逃很警惕。亚洲基础设施投资银行（AIIB）和新开发银行（NDB，前金砖国家开发银行）共有2000亿美元可供拆借的资金，但"一带一路"倡议项目如果按目前设想的投资规模进行建设的话，这只占其所需资金的很小的一部分。丝路基金可以再提供400亿美元，但也只是沧海一粟。

其次，中国明确表示不能"单干"：世界面临的挑战太大，单靠一国之力无法独自实现这样的宏伟规划。"一带一路"倡议的短期和中期成功与否，很大程度上取决于全球银行和投资机构为沿线国家的基础设施建设项目提供资金的意愿，而它们通常认为那些项目落地国是世界上开展银行合规管理最困难的地区，与那些在腐败和政治不稳定指数上得分很高的国家开展业务的价值很小。在当前的全球贸易环境下，这些都是很大的障碍。

若要实现"一带一路"倡议的预期,中国将需要向海外投资者和企业开放金融市场。这最终意味着中国要支持和维护那些项目落地国家的脆弱的和平与稳定局面,包括向当地劳动者提供更多的工作机会以及允许当地承包商参与项目建设。此外,为支持这些海外业务,中国不仅必须像开放自己的对外投资信贷机构一样开放自己的银行,而且还必须允许国外信贷机构与中国投资机构合作。

第三,助推国际货币基金组织和世界贸易组织等全球性机构走向消亡,不符合中国的利益,正是这两个国际机构起初帮助中国建立起了它的经济实力。这就意味着,如果要防止美国自行制定争端解决规则,中国就必须遵循世界贸易组织的义务和规则。

中国对自身的弱点与优势非常清楚,而这或许正可以解释为什么其战略目前被误读了。2019年4月,在北京举行的一场国际商会(ICC)银行委员会活动上,关于目前的贸易战将如何影响全国企业的话题引起了广泛的关注。许多人指出,不少从事出口美国业务的中小企业已经因此倒闭了。与会人士中还有人对中国的债务规模表示不安。贸易战正在影响全球企业在中国的角色,因为中国既是市场又是资金来源；如果中国在这两个方面都减弱了，这将鼓励外企迁移到区域内的其他国家，那些国家对本地化和融资渠道要求不像中国那般严格。在上述国际商会银行委员会会议举行之际，以人民币计价的贸易融资开始增加，但这并不被认为会对货币市场产生直接影响。

《孙子兵法》说："兵者，诡道也。"强时示弱、弱时逞强都是策略。这一策略也反映到中国目前对"一带一路"倡议的定位上，因为它在近期面临的这些显著的问题，有可能会损害对内对外政策的制定者。但我们应该铭记的是孙子的哲学是如何被邓小平转化为中国外交政策的首要原则的——"韬光养晦"，着眼长远是中国的一贯做法。

总体而言，信任问题是目前中国最大的障碍。为了解决这个问题，中国需要向其合作伙伴保证其可靠性。我们并不了解中国的博弈策略是什么，我们看到中国对美国使用强有力的语言并进行针锋相对的外交较量，但很可能就像在前文所述案例中的情形一样，我们正沉浸在对篮球比赛的过分关注中，忽视了赛场中走过的大猩猩。过去中国的做法是务实的。中国外交政策的任何变化都是由外部事件所引发的，自金融危机以来，中国越来越坚定的外交立场一直引人注目。即使这只是一种分散注意力的表象，但至少它会增加各方误判的可能性。

表 5 从博弈论的角度展示了中国的战略。从表面上看，中国与美国的关税针锋相对。表 5 与第 3 章中的表格大致相同，因为中国已通过相互加征惩罚性关税来与美国进行博弈。然而，表 5 的中国博弈矩阵有一个关键的不同之处：在矩阵的外围有一个框型，其上标注为"已知的未知事件"。中国显然是在打持久战，很可能它会在必要时与美国进行一场消耗性的贸易战。而与此同时，中国有许多选择，可以超越美国政府在战略贸易方面采取的零和策略。我们之前提到过各国的博弈策略与它们各自文化中流行的传统棋类游戏之间的相似性。在这里，我们又可以用这个类比来帮助我们理解了。美国在下国际象棋，它所有的棋子都在棋盘上，一目了然。因此，中国能够对美国下一步将移动哪些棋子做出合理的评估。然而，中国正在下的是围棋，采用的是一种更长期的战略，并不执着于短期进攻和决胜。重要的是，中国的棋子不在棋盘上，而是在中国的手里。因此，中国的对手即使明知它会采取行动，也不能确定它究竟将如何行动。

表5 中国与美国的多重博弈

	美国	
	美国加征关税	美国不升级
中国　中国加征关税	双输	美输/中赢
中国不升级	美赢/中输	双赢
已知的未知事件		

06

第六章

俄罗斯：
暗实力建设

概述：俄罗斯的混合手段

同时利用非常规手段和公开的军事力量对敌进行颠覆，而使自己获得战略优势的手段被称为"混合战争"。它也被称为非线性战争、全方位战争、全手段战争或模糊战争。这个词一直存在争议，但用它来描述俄罗斯当前的战略方法确实贴切。它的战略由一个概念贯穿始终，那就是动员所有可动用的国家权力结构来追求政治目标。关键在于它的主要目标是"取得政治上决定性的成果，并且在可能的情况下，不使用或有限地公开使用军事力量"。

在不进行军事干预的情况下建设本国实力和影响力，是俄罗斯做法的关键之处，因为若是避免了直接的军事对抗，俄罗斯就可以在不触发北大西洋公约组织各缔约国启用《北大西洋条约》第五条款关于"集体防御"的承诺的前提下，不断破坏西方的影响力。而俄罗斯已经通过这类颠覆性的、非常规的方式取得了数次成功。因为在当前的范式实力竞争中,俄罗斯的重要性不亚于美国或中国,所以我们必须了解它是如何利用不同的战略维度的。这就是我们的"战略性贸易"这一概念的由来,在此之前,西方对俄罗斯混合战略的分析大多集中在战术和执行层面,而且大多只涉及它在军事上的应用。然而,根据俄罗斯对混合战争的解释,它的目标更为广泛,涉及"公共生活的所有领域,包括政治、经济、社会发展、文化"。在此定义基础上,本章将集中讨论普京关于俄罗斯大战略的愿景,以及他如何利用贸易手段来帮助实现这一目标。

从俄罗斯与乌克兰的互动,可以清楚地看出,俄罗斯采取了一种混合手段。前乌克兰总统维克多·亚努科维奇(Viktor Yanukovych)2013年11月21日宣布,他拒绝与欧洲联盟(EU)签署自由贸易协定。这一协定的协商过程历时多年,直到上一年才得到欧盟成员国的共同签署,准许乌克兰加入自由贸易区,这在乌克兰申请加入欧盟进程中意义重大。那天晚上,成千上万的亲欧盟示威者聚集在乌克兰首都基辅市的独立广场,抗议亚努科维奇脱离西方转而亲近俄罗斯的做法。抗议活动持续了数月,到2014年2月,所谓的"欧洲广场运动"(Euromaidan)已升级为一场革命:几个城市的政府大楼被示威者占领,超过2万名抗议者在议会前游行。2014年2月22日,乌克兰议会投票决定弹劾亚努科维奇,亚努科维奇转天出逃。三天后,即2月26日,当全世界都在关注基辅局势进展的时候,关于"小绿人"的报道开始涌现,他们是在克里米亚半岛突然之间出现的一些神秘的蒙面士兵,携带着高科技武器,身穿摘掉了徽章标志的绿色军装,从事亲俄的武装军事行动。几周后,俄罗斯和克里米亚代表签署了关于克里米亚共和国并入俄罗斯联邦的协定,西方各国领导人对这一事件的发展感到难以置信。这是第二次世界大战结束以来欧洲第一次发生"吞并"主权领土的情况。

军事力量部署只是复杂战略中的最后阶段,复杂战略涉及信息战、选民操纵、网络攻击、政治颠覆和经济胁迫等许多方面。事实上,在基辅发生第一次抗议活动前九个月时,俄罗斯武装部队总参谋长瓦雷里·格拉西莫夫(Valery Gerasimov)写了一篇很有影响力的文章,题为《科学在远见中的价值》(*The Value of Science in Foresight*)。他认为,成功的战略应将非军事措施和军事手段以大约4∶1的比例混合,公开的军事力量只占战略的一小部分。

格拉西莫夫解释说，在现代，挑战在于如何只在有限的范围内使用军事力量。按照这一战略，俄罗斯"吞并"克里米亚只付出了最少的流血代价：仅有两名乌克兰士兵丧生。在 2008 年与格鲁吉亚的战争中，俄罗斯使用了类似的做法。最近，俄罗斯在乌克兰东部的顿巴斯（Donbass）地区也采取了类似的手段，俄罗斯的直接军事介入往往有限。正如语言学家、军事分析家查尔斯·K.巴特尔斯（Charles K. Bartles）所写，"重要的一点是，当西方认为这些非军事措施是避免战争的方法时，俄罗斯认为这些措施就是战争"。事实证明，俄罗斯的颠覆性做法在试探西方决心的限度方面极为有效。

俄罗斯的战略目标："复辟者"普京？

普京的主要战略目标是恢复、联合和统一俄罗斯。普京说过一句非常有名的经典之语："苏联解体是 20 世纪最严重的地缘政治灾难"，这实际上使数百万前苏联公民脱离了俄罗斯的"势力范围"。有充分证据证明普京有着恢复俄国伟大荣光的强烈愿望。再加上他复兴某种形式的俄罗斯帝国的目标追求，令人不难理解普京为阻止前苏联国家融入西方（欧盟或北约）而进行的各种颠覆性尝试的意义所在。但是，如果为此公开或过度地使用军事手段只会引起北约的反击。因此，俄罗斯面临的挑战是如何在不引起怀疑或不触动北约启动第五条款的情况下破坏西方的影响力。

因此，贸易提供了一种有用的战略选择：将某些商品出口到分裂主义运动活跃的国家（例如乌克兰、格鲁吉亚或摩尔多瓦）可以起到破坏它们国内稳定的作用，而俄罗斯则对此保持"难以置信的可推诿性"。同样，向世界目前或将来具有战略意义的地区提供军民两用物资，有助于建立俄罗斯的"战略潜力"。两用物资的民用用途使它们的出口贸易可以躲过审查，这意味着俄罗斯可以不引人注目地在关键的战略性地区建设影响力（向黑海周围的伙伴出口海军物资就是一例），使俄罗斯有能力对外宣称自己是这些地区的主要军事力量。此外，俄罗斯还向美国的敌对国家（例如伊朗或古巴）提供弹道导弹计划所需的材料，迫使美国对它们采取行动，这样就有效地破坏了相关地区的稳定，从而将这些国家置于被动听命的地位。如果以帝国为最终目标，俄罗斯记者阿列克谢·韦内迪克托夫（Alexei Venediktov）问道："我们将在哪里停下来？在叙利亚？在非洲？难道在加拿大么？！所谓'俄罗斯的'世界，它的界限是什么？"

以下是三个简短的案例研究，它们表明俄罗斯试图利用全球化的经济体系，推行一种既增进自身利益又损害西方利益的战略。第一个案例研究着眼于俄罗斯与叙利亚的贸易关系，展示了俄罗斯如何推动叙利亚经济进入战争状态，并导致了其国内悲剧性的人道主义局势，分散了西方安全共同体的注意力，使它们疏于关注俄罗斯在塔尔图斯港日益增强的海军影响力。

第二个案例研究着眼于2014年乌克兰革命前后俄罗斯在乌克兰所扮演的角色。结论是，在危机爆发之前的几个月里，俄罗斯可能一直在向乌克兰东部的卢甘斯克武器工厂提供武器生产材料。

第三个案例研究分析了俄罗斯对伊朗的可用于导弹开发的物资供应。这反映出俄罗斯支持伊朗开发更有效的核武器的一种战略。这一做法再加上其对叙利亚的介入，俄罗斯破坏了西方，尤其是美国，在中东地区实现稳定的努力。

俄罗斯显然是在利用全球化的贸易体系为自己牟利，

为此，它助长了分裂主义运动，支持了一些政权，资助了导弹计划，并在黑海建立了战略潜力。俄罗斯的做法否定了贸易仅限于硬实力或软实力领域的观点，并证明贸易可用作强制性或综合性的手段，例如"选择性贸易禁运"。从俄罗斯正在使用非常规、间接手段来影响其他国家这一点来讲，它目前的做法带有混合战争的许多典型特征，由此也反映出它通过间接接触建设实力的惯用战略。

案例研究一：俄罗斯与叙利亚战争

使经济向战争状态过渡

现有研究文献中存在一种误解，认为通过经济手段获取国家实力的做法仅限于利用经济制裁或禁运进行强制。格拉西莫夫的理论揭示了经济手段另一个经常被忽视的侧面——促使"一国经济向战争状态转变"。一旦将一个国家的经济引向战备方向，那么它国内的不稳定就指日可待，趁着该国及更广泛的国际社会因安全局势的恶化而无暇他顾，出口国（在本案例中是俄罗斯）就可以借机实现其预期政治目的。

普京对叙利亚阿萨德政权的公开支持有据可查，2015

年 9 月，俄罗斯对叙利亚进行了军事干预，使阿萨德重新控制了该国的核心地区（在本文撰写时依然如此）。但是，俄罗斯的支持显然不是由于它与叙利亚建立了任何政治联盟。叙利亚的西海岸毗邻地中海，因此，叙利亚第二大港口城市塔尔图斯具有重要的战略位置。2017 年 1 月，俄罗斯与叙利亚签署了一项为期 49 年的协议，获得了对塔尔图斯海军基地的完全控制权，该基地能够容纳多达 11 艘军舰。接下来我们通过一系列图表，来展示俄罗斯如何通过提供武器、弹药和爆炸物以及通过第 99 类商品贸易①为叙利亚战争煽风点火。②

2010 年底和 2011 年全年，整个中东和北非爆发了广泛的民众抗议活动。造成所谓"阿拉伯之春"的原因很多，但示威者的主要不满是政治压迫、地方腐败、侵犯人权、贫困率居高不下和就业前景不佳。在叙利亚，抗议活动升

---

① 按照"国际贸易标准分类（SITC）"，第 99 类是"其他未分类商品"。——译者注

② 虽然联合国网站上没有对属于第 99 类的货物的正式定义，但分析显示，在某一国的政治动荡和危机爆发之前，这一大类项下该国进口的货物在统计上往往有显著增加。第 99 类贸易商品的关键统计数据如下：一是 2016 年，该类商品进出口总额约 1130 亿美元，占世界贸易总额近 6%。二是军民两用商品贸易与第 99 类商品贸易之间的相关系数为 0.91。第三，武器贸易与其他未指定商品之间的相关系数为 0.77。第四，它是俄罗斯在 2014 年 2 月至 3 月之间（即克里米亚被"吞并"时）对乌克兰最大的出口商品门类，其间，俄罗斯向乌克兰出口的第 99 类商品的贸易额从 58.7 万美元增至 7.744 亿美元，到 5 月降至 24.4 万美元。

级为毁灭性的内战。2011年3月15日，成千上万的人走上大马士革街头，反对阿萨德总统。在政府军队向他们开火后，抗议活动加剧：抗议者开始武装自己进行反击，并很快分裂成几个以暴力反对政府的叛乱组织。随着战争的进行，这场冲突加入了宗派因素，逊尼派穆斯林与阿拉维派发生了冲突，"伊斯兰国"的影响力日益增强。根据"大赦国际"（Amnesty International）的资料，自2011年以来，约有25万叙利亚人丧生，超过1100万人流离失所。

针对叙政府的制裁也造成了经济损失，由于国际社会停止与叙政府进行贸易，随着冲突加剧，叙利亚经济几乎崩溃（见图14）。2010年，叙利亚进口额近220亿美元，出口额125亿美元。到2012年，进口额下降到76亿美元，出口额下降到21亿美元，分别下降了65%和83%。①

图14还显示，即使在2012年之后，叙利亚仍以与1996至2000年相当的速度进口商品。但是，改变的是进入该国的商品的性质。

---

① 2017年叙利亚出口额激增，可以归因为这一年它对黎巴嫩的水果和蔬菜出口。2017年黎巴嫩从中国、奥地利、意大利和法国的进口同样也增加了。这不排除统计上的偏差，但重要的是，就叙利亚而言，这意味着打击ISIS叛乱分子的战斗已经结束，经济复苏正处于萌芽阶段。

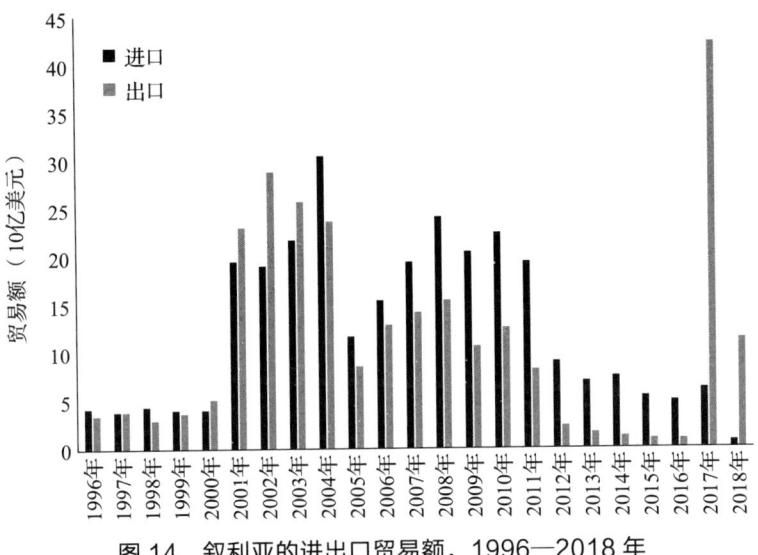

图14 叙利亚的进出口贸易额，1996—2018年
数据来源：科氏技术公司

根据格拉西莫夫的模型，助推一个国家进入战备状态是至关重要的，能做到这一点就便于左右该国任何冲突的结果了。在2014年，叙利亚经济学家吉哈德·亚兹吉（Jihad Yazigi）写道，叙利亚已经过渡到战争经济，海外向叙利亚国内供应的商品种类只是延长了冲突，由政府所控制的地区享受着"许多基本的国家服务供给"。图15对比了俄罗斯和美国与叙利亚的贸易，图中可以看出俄罗斯提供了叙利亚进口的很大一部分商品。2011年，美国对叙利亚贸易的占比从3%降至2.5%。2012年，当美国试图通过经济制裁削弱叙政府时，这个数字仅为0.4%。相反，俄罗斯与叙利亚的贸易总额从 2010 年的 7% 增长到战争爆发时的 10.7%。2012 年，随着俄罗斯继续向叙政府军提供武器，这一比例再次上升，达到 11.5%。

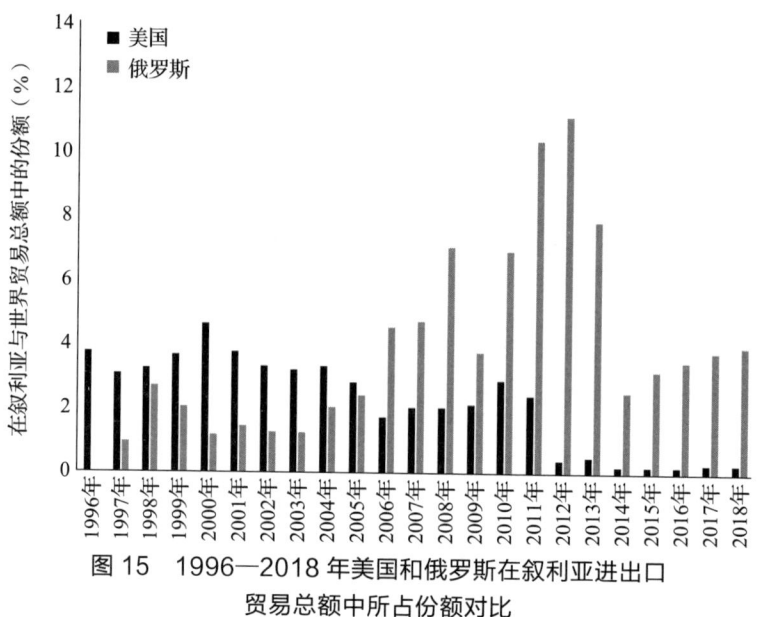

图 15 1996—2018 年美国和俄罗斯在叙利亚进出口贸易总额中所占份额对比

数据来源：科氏技术公司，自有分析数据

俄罗斯对叙利亚的贸易总体结构在 2009 年（叙利亚内战开始之前）至 2013 年之间发生了变化（见表 6）。2000 年，普京开始担任俄罗斯总统一职时，第 99 大类商品和武器弹药仅占俄罗斯对叙利亚出口总额的 0.3%。到 2010 年，即冲突发生的前一年，这一比例已升至俄叙贸易总额的 44.5%。2011 年上升到 52.7%，2012 年达到

76.2% 的峰值。

表 6　俄罗斯对叙利亚的部分商品出口占俄叙贸易总额的百分比

年份	俄罗斯对叙利亚的武器、弹药及第 99 大类商品出口占俄叙贸易总额的百分比（%）
2009	7.3
2010	44.5
2011	52.7
2012	76.2
2013	72.4

俄罗斯对叙利亚的灾难也许可以说是无动于衷，因为叙政府现在控制着整个国家的西海岸，使得俄罗斯能够在叙利亚国内冲突仍在继续的情况下，在塔尔图斯大兴土木，将其升级为更加先进的海军基地，并在叙利亚沿海设立海军"禁区"，此举限制了西方国家的战略选择。此外，国际社会关注于叙利亚国内悲惨的人道主义局势，就无暇顾及俄罗斯，加之俄罗斯自 1971 年以来一直经营使用塔尔图斯港口，因而它在那里建造几艘海军舰艇并没有引起足够的重视。

贸易正在充当代理人的角色，它隐藏着更深层次的东西。西方（尤其是北约）应该密切关注俄罗斯，它正在部署增强海军作战能力并斥资改造塔尔图斯的基础设施。叙利亚战争为俄罗斯提供了一个潜射改型卡里布（Kalibr）巡航导弹的试验场。该导弹有超过 12 种改型，其中许多是地面或舰载发射，2015 年 12 月 8 日俄罗斯首次对叙利亚目标使用潜射 3M-14 卡里布导弹。根据简氏信息集团①（Jane's Information Group）的分析指出，升级后的武器将是一个"游戏改变者"，因为这种改型导弹的有效载荷大约 500 公斤，估计射程在 1500 到 2000 公里之间，精度在"几米之内"。根据普京的说法，这种导弹"可以装备常规或专用核弹头"。了解这一背景后，再解读科氏技术公司的贸易数据报告，就会让人更感危机迫近，因为科氏的贸易统计显示，俄罗斯向黑海沿岸的一些国家，特别是保加利亚、格鲁吉亚、阿尔巴尼亚、摩尔多瓦，最关键的是还有乌克兰，出口的海洋装备数量有了显著的增长。

案例研究二：俄罗斯与乌克兰

危机背景——"小俄罗斯人"和黑海

俄罗斯与乌克兰的历史关系悠久而复杂。普京在布加勒斯特举行的北约峰会上对美国时任总统乔治·W. 布什所

---

① 这是一家全球领先的国防、安全与风险情报信息提供商。——译者注

说的话或许能够最好地概括这一点:"乔治,你必须明白,乌克兰甚至不是一个国家。它的部分领土在东欧,而更大的部分是给了我们的。"这种被乌克兰民族主义者所反对的帝国主义思维模式,源于乌克兰和俄罗斯近千年历史上千丝万缕的联系。18世纪末,俄罗斯开始把乌克兰的第聂伯河两岸地区称为"Malaya Rossiya(Малая Россия)",即"小俄罗斯"。

从那以后,俄罗斯控制了这些地区,并禁止使用乌克兰语,禁止出版乌克兰民族主义文本。1917年俄罗斯帝国的崩溃和随后的血腥内战暂时结束了它对乌克兰的统治,但在1922年,苏联的建立导致了乌克兰大部分地区的再次整合。虽然在乌克兰已经没有人把乌克兰称为"小俄罗斯",把乌克兰人称为"小俄罗斯人",但在俄罗斯国内,这些词汇仍然经常被听到。这表明了许多俄罗斯人的态度:乌克兰现在是、将来也永远是俄罗斯的一部分。乌克兰与欧盟或北约加强合作的任何尝试,都遭到了俄罗斯激烈的反对和几乎不加掩饰的警告。

格鲁吉亚战争显示了俄罗斯保护自身利益的意愿。俄罗斯武装力量总参谋长尤里·巴鲁耶夫斯基将军的话应该引起目前研究混合战争的学者们的优先关注,他指出,为此采取的措施不仅是军事手段,而且是"不同性质的步骤",其中包括强制经济措施,或者,如我们在这里所说的——战略贸易。俄罗斯的做法是实施禁运,因为乌克兰严重依赖俄罗斯的石油和天然气供应。

自1997年以来,俄罗斯的出口一直占乌克兰石油和天然气进口的大部分。然而,2006年的一场石油和天然气价格争端导致俄罗斯中断了对乌克兰近一年的供应。结果,其间乌克兰从俄罗斯进口的石油和天然气类商品总额只有4.07亿美元。在欧洲试图调停和解决俄乌天然气断供争端之后,乌克兰爆发的一场政治危机,导致乌克兰国内亲欧盟的"橙色"政府垮台。天然气争端清楚地表明了莫斯科可以对基辅施加多大程度的政治影响力。2009年的第二次天然气争端也有类似的动机:旨在向西方证明乌克兰作为盟友是不可靠的,因为它在政治上和经济上都不稳定,以此破坏当时乌克兰亲西方的政府总统维克托·尤先科（Viktor Yushchenko）打算与欧盟和北约建立更紧密的关系的努力。于是,在2010年,更亲俄的候选人维克托·亚努科维奇当选了总统,进一步确保了乌克兰对俄俯首听命的可能性。乌克兰与俄罗斯关系的改善反映在双方的贸易数据中。然而2014年乌克兰危机后,我们看到俄罗斯对乌克兰的石油和天然气出口下降了，从2013年的108亿美元下降到2014年的41亿美元，在2017年达到2.02亿美元的低谷（见图16）。

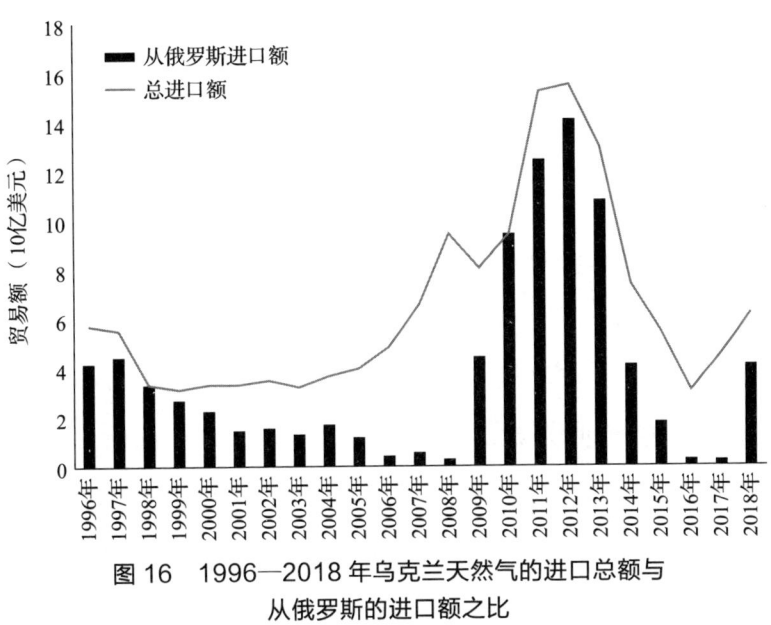

图16　1996—2018年乌克兰天然气的进口总额与从俄罗斯的进口额之比

数据来源：科氏技术公司

构建战略潜能

至少从2010年开始，俄罗斯就略微缓和了对乌克兰的贸易手段，不再那么强制，而是倾向于通过出口军民两用物资来营建战略潜力。这一趋势始于俄罗斯"在基辅的自己人"亚努科维奇的当选。2010年2月7日，亚努科维奇击败对手、前橙色革命联合领导人尤利娅·季莫申科（Yulia Tymoshenko），以 48.95% 对 45.47% 当选乌克兰总统。亚努科维奇是莫斯科偏爱的候选人，按分地区投票的统计结果，他赢得总统职位主要是凭借亲俄的乌克兰东部地区的支持。尽管亚努科维奇宣称"乌克兰与欧盟的融合仍是我们的战略目标"，但事实是，普京现在有了一个与他有着同样愿景的盟友，他们打算建立更紧密的俄乌关系。

这种关系反映在乌克兰的贸易总体结构中。与俄罗斯的贸易往来（以美元计算的进出口总额）在乌克兰全部进出口总额中所占比例从 2009 年的 13.4% 上升到 2010 年的 18.2%。按价值计算，增加 101 亿美元。与此同时，与欧盟的贸易往来占同期贸易总额的比例从 2009 年的 20.1% 下降到 2010 年的 19.3%。通过亚努科维奇，普京成功地将俄罗斯黑海舰队在克里米亚半岛西南岸港口、黑海门户重地塞瓦斯托波尔（Sevastopol）的驻扎时间延长到 2042 年，并确保乌克兰不会加入北约。作为交换，俄罗斯向乌克兰提供 30% 的天然气价格补贴。图 17 显示了 2010 年 1 月至 3 月期间，俄罗斯向乌克兰出口的军民两用物资中，航海用物资与装备占 83.4%，这是俄罗斯正试图扩大塞瓦斯托波尔海军基地能力的明显证据。

海军力量对于维持俄罗斯的主导地位至关重要。图17分析的对象是一个特殊两用物资类别：航海用物资与装备。该类别有162个子类，包括浮船坞、特殊用途船舶、船舶推进发动机、螺旋桨、传动轴、齿轮和"其他"船只（包括军用船只和潜艇）。2014年3月，这一类物资占俄罗斯对乌克兰出口的51.8%。实际上，从2010年1月至2018年9月，航海用物资与装备在俄罗斯向乌克兰出口的两用物资中占比达到月均14.9%。但是，最有趣的增长发生在2010年2月，占比高达83.4%。

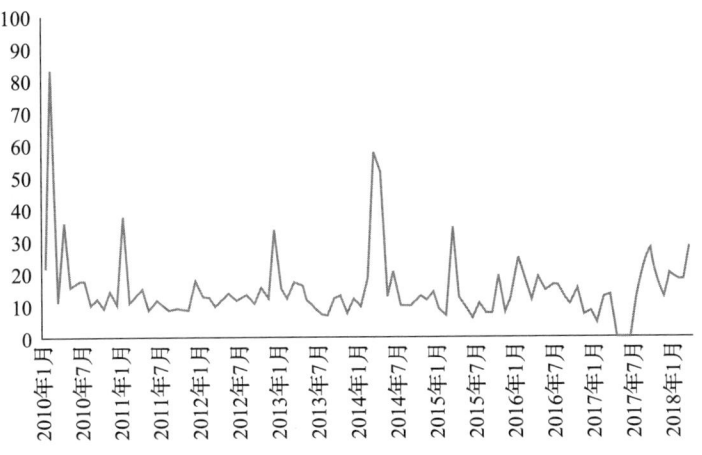

图17 俄罗斯对乌克兰出口的"航海用物资与装备"在俄对乌全部两用物资出口中的占比，2010年1月—2018年1月
数据来源：科氏技术公司

就在这一增长发生前几个月，前乌克兰政府发布了一

份声明,称克里米亚的俄罗斯海军基地租期不会延长到2017年以后。因此,作为回应,俄罗斯黑海舰队开始扩大其在新罗西斯克(Novorossiysk,俄罗斯黑海东北岸重要港口)的基地,并通过有针对性的出口航海物资和装备,试图建立未来的战略潜力。2014年3月和4月,也就是克里米亚被"吞并"的那几个月,军民两用物资的销量也出现了类似的大幅增长。这些贸易异动再次呼应了乌克兰不断升级的冲突和未来贸易机会的不确定性。

尽管在亚努科维奇执政期间,乌克兰与俄罗斯的关系有所改善,但它与欧盟的准成员国协定仍在酝酿之中。2012年3月30日,欧盟与乌克兰正式签署准成员国协定,以建立更紧密的政治经济关系。普京表达了对这一安排的担忧,声称他认为这是对俄罗斯经济安全的"重大威胁"。他私下要求亚努科维奇推迟签署协议。2013年3月,亚努科维奇开始采取措施退出该协议,到11月,他宣布该计划被无限期搁置。亚努科维奇声明,乌克兰承受不起放弃俄罗斯的后果,因为经济影响太大。然而,损害已经造成,数以千计的亲欧盟支持者在基辅街头集会。三个月后,亚努科维奇被迫逃离乌克兰。

在危机爆发前的几个月里,当亚努科维奇还在踟蹰拖延签署欧盟准成员国协定时,俄罗斯却已经偷偷地向乌克兰出口了大量军民两用物资(见图18)。这些出口主要是航海物资与装备设备、特殊商品和核材料。

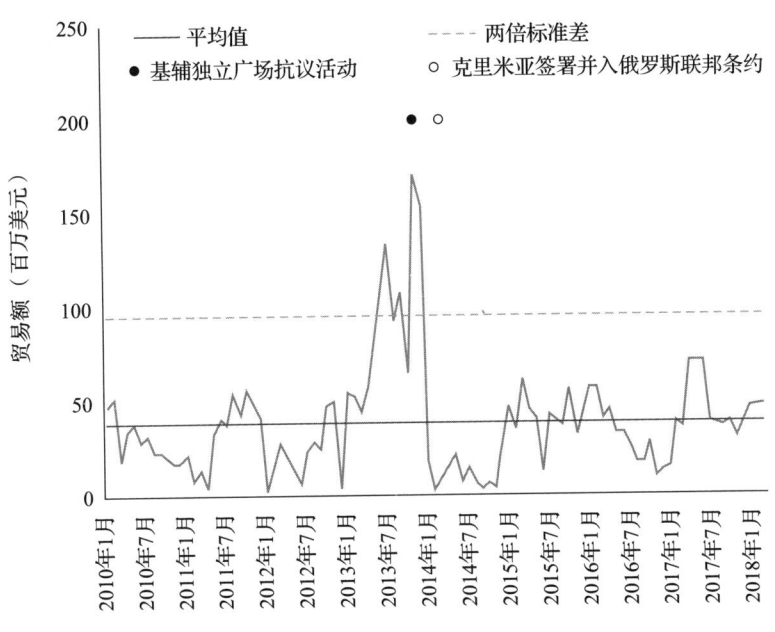

**图18 俄罗斯对乌克兰军民两用物资的出口,
2010年1月—2018年1月**

数据来源:科氏技术公司

注:这些数据清楚地揭示了危机爆发之前俄罗斯在乌克兰的战略意图。2013年6月至7月期间,若对军民两用物资的贸易往来异常情况进行监控,本可以发现当时正在酝酿着的危机的迹象。

这佐证了这样一个观点,即俄罗斯利用克里米亚和塞瓦斯托波尔海军基地储备和潜射导弹开发相关的物资,其目的在于打造它在该地区的战略潜力。令人难以置信的是，科氏技术公司的分析模型揭示出，在亲欧盟的第一次乌克兰独立广场抗议活动之前整整五个月，就出现了俄对乌两用物资出口的异常增长（即超过两个标准差）。俄罗斯此举显然是为了应对它当时可预见的两方面挑战，一是公众对乌克兰放弃加入欧盟存在暴力反应的可能，二是未来与乌克兰进行贸易成功与否，以及会遇到何种贸易限制，均存在很多不确定性。有趣的是，在瓦雷里·格拉西莫夫发表了那篇关于现代战争手段的文章后仅仅两个月，这种贸易异常增长就开始了，这或许可以视为俄罗斯利用贸易探索替代性战略选择的开端。

顿巴斯的战争：支持分裂主义分子

顿巴斯战争始于2014年4月，当时一群亲俄罗斯的分裂主义分子冲进了卢安斯克和顿涅茨克的乌克兰安全局（SBU）以及顿涅茨克的内政部办公室。当分裂主义者开始扩大其控制的地盘，占领乌克兰东部马里乌波尔、斯洛维扬斯克、德鲁什科夫卡、克拉马托尔斯克和兹丹尼夫卡等城市的政府建筑物时，局势进一步升级。5月4日，他们在顿涅茨克市警察总部升起了一面旗帜，宣布成立顿涅茨克人民共和国。乌克兰政府发动了反攻，将分裂势力从他们占据的顿涅茨克地区的许多战略据点赶走。尽管如此，全年的战争态势仍在继续恶化，几次停火协议均未能生效。联合国估计，截至 2019 年 6 月 13 日，已有 12800 至 13000 人在战斗中丧生，约 150 万人流离失所。

俄罗斯在这场危机中所扮演的角色如今在公开记录里有据可查。普京收回了之前关于他的"小绿人"的言论，现在承认他们是俄罗斯特种部队的成员。英国武器流向监督机构"冲突装备研究所"（Conflict Armament Research）的一份报告得出的结论是："亲俄分裂分子很可能从一个或多个外部组织那里获得了一定程度的支持，包括小武器、轻武器、制导轻武器、重型武器系统和装甲车。"

毫不奇怪，危机前俄罗斯和乌克兰之间的武器贸易数据根本说明不了什么问题。根据公开信息，俄罗斯从 2013 年起几乎停止了与乌克兰的武器交易。科氏技术公司的数据库显示，2014 年俄罗斯在该领域的对乌出口与 2013 年相比，下降了 82.9%，此后更是下降为零。考虑到俄罗斯长期以来一直奉行的可推诿策略（无论这有多么令人难以置信），这算不上什么新闻。即使是在供应给乌克兰的武器上，也很难找到清晰可识别的俄罗斯军工厂的标记。我们发现的证据表明，在危机爆发之前，俄罗斯采取了一种策略，取代了直接提供俄制武器的做法，它为乌克兰分裂分子提供组装和修理他们自己的步枪的手段，分裂分子使用的武器中许多是冷战时期的枪械或苏制卡拉斯尼科夫突击步枪的变种。

在顿巴斯地区活动的分裂分子的照片显示，他们经常在冲突中使用较旧型号的 AK-74 突击步枪。AK-74 在 1973 年取代了 AKM 突击步枪，但是，根据一项技术描述，"它的机匣几乎与 AKM 相同——它是用 U 形的 1 毫米（0.04 英寸）厚钢板冲压而成的，由销钉和铆钉支撑"。在海关通用的商品编码系统"协调系统代码"（Harmonized System code）中所有钢铁制品的六位数代码里，只有一类符合 U 形钢板的描述："U 形、I 形或 H 形截面，热轧、热拉或挤压成型，未经深加工，高度不超过 80 毫米"。有趣的是，如果我们分析俄罗斯对乌克兰这一类商品的出口，我们可以看到它在 2013 年增长了 58.3%，2014 年进一步增长了 71.8%。尽管 2013 年之后，俄罗斯对乌克兰的贸易几乎在所有其他品类商品上全面崩溃。

图 19 是 1996 至 2018 年俄罗斯以高度 80 毫米以下 U 形钢制品名义对乌克兰出口的商品的贸易额，图中显示有三个关键峰值，均高于两个标准偏差，而且发生时间都耐人寻味——它们分别发生在 2008/2009 年、2013/2014 年两次政

治危机之前,以及在 2016/2017 年顿巴斯地区冲突升级之前。

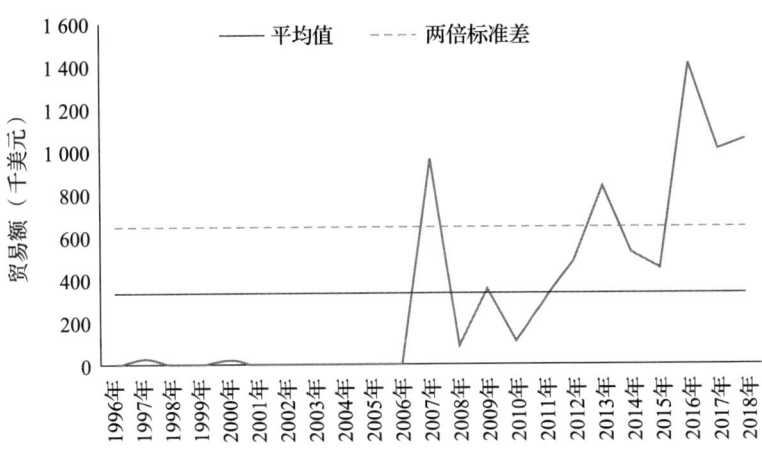

图 19　俄罗斯以高度 80 毫米以下的 U 形钢制品名义对乌克兰出口的商品的贸易额,1996—2018 年

数据来源:科氏技术公司

图 20 揭示了一个类似的情况。2013 年和 2014 年,俄罗斯向乌克兰出口了 23 类与铜相关的商品,从"铜合金:-铜锌基合金(黄铜)",到"餐桌、厨房或其他家庭用品及其部件",再到"洗碗器、铜丝清洁/抛光垫、手套及其他"。然而,在这 23 个类别的商品中,只有两类在 2013 年和 2014 年实现了连续的增长。第一类是"铜锡基合金(青铜):-其他",2013 年增长 9.4%,2014 年增长 3.7%。然而,数据显示,与之相关的贸易额并不显著,2013 年仅为 1.12 万美元,2014 年为 1.16 万美元。第二类是"铜锌

基合金（黄铜）：–其他"，特别是厚度超过 0.15 毫米的铜制板材、薄板和带材。这一类贸易 2013 年同比增长 46.4%，2014 年同比增长 2.7%，分别为 240 万美元和 250 万美元。

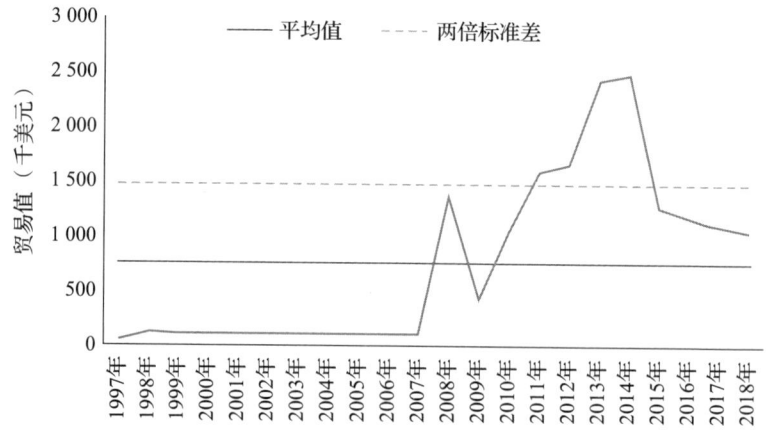

图 20　俄罗斯对乌克兰出口的厚度超过 0.15 毫米的铜制板材、薄板和带材的贸易额，商品种类为"铜锌基合金（黄铜）：–其他"，1997—2018 年

数据来源：科氏技术公司

这一种类黄铜贸易增加的重要意义在于，这种等级的铜是用于生产卡拉斯尼科夫突击步枪子弹壳的，因此，它通常被称为"弹壳黄铜"。对《纽约时报》战地记者在顿巴斯地区的战场上发现的圆形弹壳进行进一步分析后发现，其中每个比较现代的弹壳上，都刻有"ЛПЗ（LPZ）"的字样——而这是卢甘斯克武器工厂的标记。在 2014 年底，乌克兰政府武器采购合同的 100% 都给了乌克兰国防工业

集团（Ukroboronprom）。但分裂分子唯一控制的兵工厂，是他们在 2014 年 3 月夺取的位于乌克兰卢甘斯克州的一家小型武器制造工厂。卢甘斯克州是乌克兰最东部的一个州，与苏联和俄罗斯都有着深厚的历史渊源。这些数据清楚地表明，在政治危机爆发之前和危机期间，用于武器和弹药制造的商品贸易都出现了远远超过两倍标准差的大幅增长。

这两类商品目前都未被归于军民两用物资的门类下，通过出口这两类普通商品，而不是直接出口武器和弹药，俄罗斯既可以影响顿巴斯战争的结果，同时又给自己留了不少可以矢口否认的余地。此外，这些种类的商品贸易往往不受国际社会的关注和监控，直到最近，国际社会仍然还没有认识到贸易在国际战略和国家实力建设方面的重要性。因而，我们的下一个案例研究将继续证明，为何国际社会需要进一步密切关注俄罗斯利用军民两用商品贸易的手段——这是它混合战略的一个核心特征。

案例研究三：俄罗斯和伊朗弹道导弹计划

最小化美国势力，最大化俄罗斯势力

俄罗斯进行战略贸易的最后一种方式是，提供物资支持其他国家的导弹和核计划。其更广泛的战略目标是给美国制造又一个亟待解决的问题，以此来削弱美国的霸权。鉴于目前中东的紧张局势，这一点尤为重要。

2015年7月15日，由联合国安理会五个常任理事国美国、俄罗斯、中国、英国和法国以及德国组成的"六国集团"（P5+1）与伊朗达成协议，伊朗保证"在任何情况下都不会寻求、发展或获取任何核武器"，以换取对其制裁的解除。这项协议被称为《联合全面行动计划》（JCPOA），更通俗的说法是"伊朗核协议"，协议有效期将一直持续到2030年。然而，2015年10月10日，伊朗进行了一次成功的"伊玛德"（Emad）导弹试射，这是一种中程弹道导弹，估计射程为2000公里，有效载荷为750公斤，有可能安装核弹头。尽管这次试射让许多人感到意外，但鉴于没有涉及核材料，从技术上来说，它并没有违反《联合全面行动计划》的条款。

许多西方批评人士认为，尽管伊朗这次导弹试验在技术上没有违反《联合全面行动计划》的条款，但2015年7月20日，即《联合全面行动计划》达成仅仅五天之后，联合国安理会通过了第2231号决议，而伊朗确实违反了该项决议的条款。第2231号决议规定："呼吁伊朗不得从事任何与能够运载核武器的弹道导弹有关的活动,包括使用此类弹道导弹技术进行发射。"然而,伊朗的回应是,它没有遵守决议的义务,因为"呼吁"某人做某事不是法律要求,而是建议;因此,它可以自由进行导弹试验。利用这一解读,在 2015 年 8 月至 2017 年 8 月的两年间,伊朗进行了至少 23 次弹道导弹发射(包括作战、测试和演习)。根据美国民主国防基金会(FDD)的说法,伊朗发射的导弹中大约有 16 枚在理论上具有核能力。

关于伊朗弹道导弹和核导弹计划的发展,需要理解三个关键点:第一,伊朗拥有"中东地区最多样化的弹道导弹武器库"。其次,弹道导弹"是伊朗威慑态势的核心,并且在可预见的未来仍将如此"。第三,伊朗并不是单方面在进行弹道导弹计划;在过去几年里,它得到了俄罗斯的大量帮助。

苏联是第一个承认伊朗为伊斯兰共和国的国家,但两国之间的关系并不总是很顺利。1980 年,鲁霍拉·霍梅尼(Ruhollah Khomeini)呼吁在伊拉克进行一场伊斯兰革命,以推翻萨达姆·侯赛因(Saddam Hussein)的复兴社会党(Ba'ath Party),此后伊朗与伊拉克之间爆发了战争。作为回应,在 1980 年 9 月 22 日,萨达姆发动了对伊朗的入侵，空袭后进行了大规模地面进攻。从苏联人的角度来看，霍梅尼的伊斯兰政权与苏联无宗教信仰的共产主义理想格格不入。于是，他们向世俗的萨达姆提供了武器。

自20世纪90年代以来，俄罗斯和伊朗两国关系更加融洽：俄罗斯甚至通过提供材料和专业技术，为伊朗核计划的发展做出了重大贡献。仰仗俄罗斯的支持，伊朗在2011年成功建造了它的第一座核反应堆——布什尔一号。事实上，伊朗和俄罗斯两国在政治上越来越多地保持一致。需要说明的是，这两国并非志同道合、友谊深厚，目前的关系对彼此而言不过是权时制宜的功利联姻：一种旨在限制美国全球霸权的战略伙伴关系，因为根据2015年俄罗斯国家安全战略的说法，美国在全球的霸权"对实现俄罗斯国家利益产生了负面影响"。

在俄罗斯看来，一个有核能力的中东国家是对美国在该地区实力的严重威胁，尽管俄罗斯并不想挑起核战争，相反，普京甚至鼓励德黑兰留在《联合全面行动计划》里，但是加强伊朗的弹道导弹和核弹头导弹的能力，符合俄罗斯的战略利益。

图21显示，过去几年中，在每次伊朗进行导弹试射之前，俄罗斯都向伊朗出口了大量航空推进设备、核材料和

制导系统。在一年中的大部分时间里，这些种类商品的贸易额几乎为零，而在每次导弹试射之前，这三种商品的贸易额都同时大幅增长，这一事实很能说明俄罗斯的意图。例如，2017年1月，伊朗对霍拉姆沙赫尔弹道导弹进行了试射。这种液体燃料导弹有效载荷更大，达1800公斤，被认为能够配备核弹头，预计射程2000公里，有能力打击美国在中东地区的主要盟友，如以色列和沙特阿拉伯。

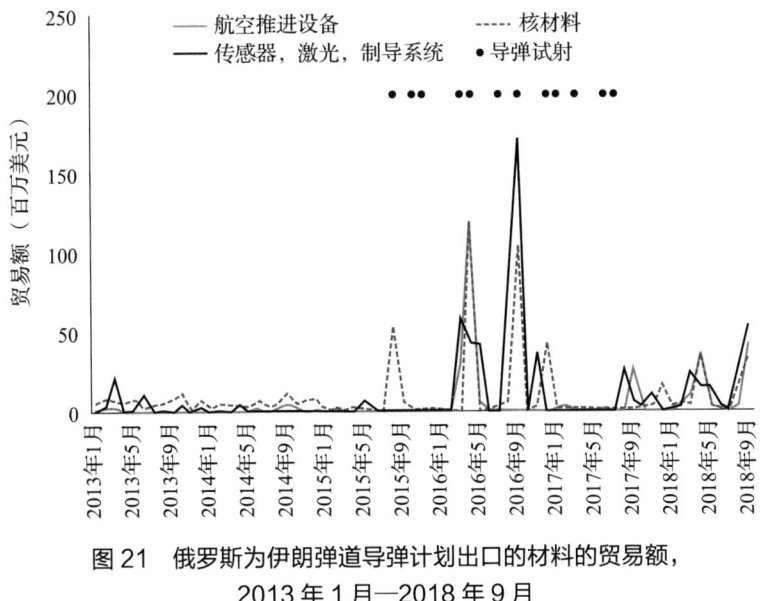

图21　俄罗斯为伊朗弹道导弹计划出口的材料的贸易额，2013年1月—2018年9月

数据来源：科氏技术公司（军民两用商品），美国民主国防基金会（弹道导弹试验）

尽管从技术上讲伊朗遵守了协议，但这些导弹试射不可避免地招致了唐纳德·特朗普的愤怒。他宣布美国将退出《联合全面行动计划》，称这是"一个可怕的一边倒的协议，永远不应该达成"。他强调说："它没有带来平静，没有带来和平，而且永远也不会带来。"对此，阿亚图拉·阿里·哈梅内伊回应道："我已经指示原子能机构为下一步做准备，如果有必要，我们将开始进行无限制的工业铀浓缩。"

从那一刻起，美国和伊朗之间的紧张局势严重升级。在2019年5月至6月期间，美国将B-52轰炸机、配备爱国者导弹炮台的亚伯拉罕·林肯号航空母舰战斗群、一个F-22隐形战斗机中队和无人侦察机部署到海湾地区。美国总统国家安全顾问约翰·R.博尔顿（John R. Bolton）表示，"任何针对美国利益或我们盟友利益的攻击，都会遭到无情的武力回击"。这些国家领导人之间的口水战也愈演愈烈了：特朗普威胁要"消灭"伊朗，在对哈梅内伊实施进一步制裁后，伊朗总统哈桑·鲁哈尼（Hassan Rouhani）称特朗普表现得像个"智障"。

在这场争夺影响力的博弈中，获益的是俄罗斯。俄罗斯可能原先已经猜测到美国现任政府会对伊朗的导弹试验做出强烈反应，因此它帮助伊朗发展导弹能力，以推动局势朝对自己有利的方向发展。因为伊朗把拥有核武器作为目标的话，就会对诸如沙特阿拉伯和以色列这样的美国重要的盟友构成直接威胁，而这是美国所不能容忍的。同样地，美国如此反应的根源还是在于前几章我们讨论过的它的现实主义和零和思维——以武力对抗武力，靠压倒性的优势来取得胜利。

此外，美国退出《联合全面行动计划》的做法，削弱了它与朝鲜就其核计划进行类似谈判的能力。几位消息人士说，朝鲜人现在对美国持更加不信任的态度，对美国是否能够遵守其达成的任何协议和条件表示怀疑。韩国国防分析研究所研究员金吉娜（Jina Kim）表示，平壤非常关注《联合全面行动计划》的进展，并将其视为自己谈判的框架。但是，当特朗普退出协议时，它"向朝鲜发出了关于美国行为的明确信号"。英国皇家联合国防研究所（The Royal United Services Institute）的防止核扩散与核政策计划负责人汤姆·普兰特（Tom Plant）更加有力地表明了这一点："从朝鲜人的角度来看，美国人简直是不可信任的——仅此而已。"

对美国而言，更具破坏性的是，特朗普在伊朗问题上的做法使美国孤立了，脱离了它从欧洲到印度这些重要的盟友，而这当然恰恰是对俄罗斯有利的。当时许多欧洲领导人说，他们对特朗普的决定感到"遗憾"，而法国总统埃马纽埃尔·马克龙（Emmanuel Macron）和德国总理安格拉·默克尔等欧盟领导人最近的讲话显示，如果伊朗违反核协议规定的铀限制，欧洲国家可能会拒绝按照该协议实施制裁。此外，欧盟推出了"贸易往来支持工具"，这是一套绕过美元国际结算系统的以物易物的交易体系，旨在帮助欧盟的企业规避对伊朗的制裁，这促使美国驻伊朗特别代表布赖恩·胡克（Brian Hook）发表声明："你们不能既和美国做生意，却又和伊朗做生意。"

然而，对俄罗斯来说，这并不完全是为了抑制美国的势力做大——伊朗本身也是一个重要因素。首先，伊朗是一个处于关键战略区域的重要军事力量。它与伊拉克、阿富汗和巴基斯坦接壤，而这些国家均对美国霸权怀有敌意。利用伊朗让俄罗斯有机会在中东和亚洲大片地区建立强大的联盟。其次，伊朗是中东地区石油天然气等的主要能源生产国之一，已探明石油储量（约1584亿桶）居全球第四。因此，保持伊朗与国际社会的隔绝状态对俄罗斯有利。这在经济上，消除了一个它的竞争对手。而正如我们在乌克兰的案例研究中所看到的，俄罗斯贸易武器库中的工具之一是经济胁迫。对伊朗的石油制裁一旦解除,将严重削弱莫斯科使用贸易武器对抗欧盟的能力。

当然,这一战略中含有边缘政策的要素:把美国逼得太甚,就可能导致战争;对美国略有示弱,则紧张局势将会缓解。而紧张局势一旦缓解,伊朗将重新回到国际社会的怀抱,对它的石油制裁将随之解除,这就意味着对俄罗斯经济的损害。因此,回到博弈论,当俄罗斯在和平与战争之间取得微妙平衡时,它的回报才是最大的,它采取的做法就是:削弱美国霸权,削弱伊朗在中东和中亚作为一个重要政治或经济大国的能力,保持所有国家权力杠杆处于最佳水平的同时,获取地缘政治优势,达到最大化自身收益的目的(见表7)。

表7 美国—伊朗权力博弈

		伊朗		
		继续核计划	继续军事集结	使冲突降级
美国	继续实施制裁	紧张局势加剧(俄罗斯受益)	紧张局势加剧(俄罗斯受益)	紧张局势加剧(俄罗斯受益)
	继续军事集结	可能发生战争(全体损失)	可能发生战争(全体损失)	伊朗损失(俄罗斯部分损失)
	使冲突降级	美国损失(俄罗斯部分损失)	紧张局势加剧(俄罗斯受益)	美国和伊朗受益(俄罗斯损失)

战争博弈

通过推动伊朗导弹计划的发展，俄罗斯可以对地区和全球地缘政治施加很大的影响，而不必做太多吃力不讨好的事情。通过使美国和伊朗之间的紧张关系处于走钢丝一般危险的平衡状态，俄罗斯正最大程度地做大己方的效用，同时最小化两个主要政治和经济对手的效用。我们还发现了有力的证据，表明俄罗斯可以部署战略性贸易，将一个国家的经济推入战争状态，通过囤积和储备物资，建立战略潜力，并通过提供某些军民两用物资，暗中支持分裂主义政权。在所有情况下，俄罗斯对战略性贸易手段的使用都是间接而隐晦的，每一项行动都不动声色，过程中没有言辞鼓噪，对全球金融市场的影响也有限，这使得它们往往不被察觉。然而，战略性贸易无疑是俄罗斯在战争中和追求全球影响力的竞争中惯用的混合手段的核心组成部分，值得密切关注。正如第二次世界大战时的苏联著名军事家格奥尔吉·朱可夫（Georgy Zhukov）所说的："苏联有些事情并不像它们看起来的那样。"

07

第七章

欧盟：
快乐的家庭？

在权力博弈的世界里，美国和俄罗斯都在下国际象棋（尽管棋路迥异），中国在下围棋，如果欧盟仍不讲究策略而单靠碰运气的游戏套路，那是应对不了这场博弈的挑战的。自由民主秩序假定，当存在令每个参与者均能受益的共同经济利益时，可以使他们放弃互相间的争斗，因而把国家集团和政治盟友团结起来建立共识的做法或多或少是有效的。这是欧盟成立以来的存在理由。为了应对目前面临的内部和外部挑战，欧洲需要进行战略思考。我们已经一再引述克劳塞维茨的观点——战争就像纸牌游戏。欧盟的问题在于，它一直在玩一种叫作"快乐的家庭"的纸牌游戏，这套玩法在当前环境下已不再可行。或许，它需要转向桥牌，桥牌取胜的关键在于策略，还在于摸清其他玩家包括你的搭档的底牌。

欧盟的建立基于两项原则：一是建立一个成员国之间自由贸易的欧洲经济区（关税同盟），二是为了消除各国之间经济和社会的不平衡而走向一个"更加紧密的人民联盟"。它们被认为是避免欧洲大陆发生战争的基础。该战略的实质是为了成员国共同发展，取消各成员国之间的贸易壁垒，建立一个单一的对非成员国的贸易政策，对来自欧盟以外的商品征收统一的关税。《罗马条约》（Treaty of Rome）的框架阐明了欧洲和平繁荣的原则：如果各国能够在区域内平等竞争并实现增长，那么它们之间就不会相互争斗。

这些原则目前正受到来自各方的压力。正如我们将在本章中揭示的，欧洲卷入了俄罗斯、中国和美国之间的权力斗争。大国之间的冲突潜在地威胁到了欧盟自成立以来一直认为理所当然的三个要素：和平、西方联盟（尤其是北约）和经济实力。与此同时，它自身的团结也同样受到了整个地区民粹主义的威胁，造成民粹主义潮流抬头的原因有二：一是2015年的移民危机；二是欧盟财政政策原则性限定了各国赤字率和债务率上限，某种程度上造成了经济增长乏力。

有些情况可以说是不可避免的。《罗马条约》划定的欧洲经济区是一个关税同盟，取消成员国之间所有关税和贸易限制，对来自外部的商品征收统一的关税。《罗马条约》和1985年的《申根协定》都主张区域内的人员、资本、货物和劳务自由流动原则。《申根协定》允许签约国公民和获准进入申根区的外国人在各个签约国之间畅通无阻地通行。1992年的《单一欧洲法令》（The Single European Act，SEA）是对《罗马条约》的第一次修订。它创立了欧洲单一市场的框架，将实现区域内的人员、资本、货物和劳务四大自由流动纳入框架——1992年是欧洲经济共同体（European Economic Community），1993年则成了欧洲联盟。其目标是创建一个统一的市场，实现在成员国之间无边界限制的人员、资本、商品和服务的自由流动。依据《单一欧洲法令》，欧洲议会（The European Parliament）拥有更大的权力，包括履行共同安全政策原则。《马斯特里赫特条约》（The Maastricht Treaty）于1993年生效，欧盟正式诞生。1999年货币联盟的形成催生了单一货币的欧元区；随后在2002年出台了单一货币政策。所有这一切给欧洲带来了一体化和联盟的感觉，然而潜在的紧张和矛盾一直都存在，并最终导致了现在所面临的种种问题，比如，在欧元区缺乏统一的财政政策，若是当初像建立货币联盟一样，也创建了一个转移支付联盟，那么就可以让富裕的国家，如德国，去支持像希腊和意大利这样的贫困或债务缠身的国家。

上述紧张关系已经变得非常明显了。在2019年早些时候于大阪举行的20国集团（G20）峰会上，俄罗斯总统普京批评了欧盟的自由"社会市场"资本主义模式，加之俄罗斯在格鲁吉亚全境和乌克兰境内增派军队，这令与俄罗斯接壤的欧盟成员国感到不安。美国政府以减少与欧洲的贸易逆差为主要目标，但它也对欧盟向欧洲做出的金融承诺提出了质疑，因为中国构成了直接的竞争威胁。欧盟一直发表多边主义的言论，主张利用一体化的全球供应链，因此也受到了欧洲出口信贷机构的批评，原因是中国投资的绝对规模和竞争力使很多欧洲资助的项目受到了排挤。

所有这些都对欧洲构成了生存挑战。不仅是欧洲资本主义模式面临来自四面八方的攻击，欧盟赖以存在的和平环境也变得日益紧张，而且以传统工程技术为基础、以高创新含量为特色的贸易也正受到数字化的威胁，智能化时代，德国人所称的"工业4.0"，即第四次工业革命，给贸易带来了前所未有的挑战。正如本章将展示的那样，欧洲面临的核心战略问题是，它从来不是一个拥有任何实质性战略力量的集团，即使在它朝着日益强大的联盟迈进之后，依然如此。欧洲在数字领域不占主导地位，也没有取代北约的独立安全政策。它的内部矛盾源于这样一个事实：欧盟中两个最强大的国家——德国和法国，它们原则上同意建立更紧密联盟，但一直没有就实现这一目标的进程达成过一致。2016年英国脱欧公投后，欧洲似乎立刻采取了一种更自信、更坚定的姿态，但这种姿态没有持续下去，因为欧洲尤其是德国的中间立场，已经导致欧洲变得更加内向。如果欧洲要应对当前施加在其模式上的压力，它需要重拾信心。

外界压力

欧盟被美国政府视为"重商主义贸易集团"，即美国认为欧盟是以一种符合欧盟利益的方式与之进行贸易的。欧盟对美国确实存在贸易顺差，特别是在汽车、航空航天、机械和零部件方面，下文将会详述。美国希望重新调整与欧盟的关系，但它与欧盟的矛盾与它和中国在经济体制上的对抗不同，因此，在某种程度上，欧美之间的角力只关乎贸易顺差，而与经济体制无关。然而，在2011年之前，欧盟一直为与美国竞争而对欧洲航空业提供补贴，特别是补贴飞机制造商空客（Airbus）。2018年4月，世界贸易组织裁定欧盟这些补贴违反了世界贸易组织的规则，这为美国对欧盟实施制裁奠定了基础。自那时以来，两者之间的补贴纠纷进入了缓和时期，但再次升级的风险仍存在——

尤其是法国已经对在美国运营的技术公司的利润加征3%的税，而英国则威胁说也将开始对此征税。这很可能引发美国将来采取类似行动。

相比之下，欧盟所面临的来自中国的挑战则是竞争性的，从铁路基础设施到数字技术，许多领域都受到了广泛的影响。2016年，欧洲与中国确立战略伙伴关系。尽管战略合作条件是按照符合欧洲利益的原则拟定的，但也因此必须允许中国与欧盟签署更多伙伴协议。此后，西门子（Siemens）和阿尔斯通（Alstom）的合并计划在2019年初被欧盟否决，这极大地缓解了欧盟与中国之间日益激烈的规模化竞争。中国境内的铁路基础设施项目主要交给中国企业，这是中国制造2025计划的一部分。尽管"一带一路"倡议给所在区域发展带来很多机会，但欧洲主要的基础设施公司越来越无法与中国公司竞争，即便是在自己的市场和距离欧洲更近的市场上也是如此。

俄罗斯对欧盟的战略也变得强硬起来，但为了保持可推诿性，俄罗斯采取了更为间接的手段。乌克兰的战争是一个主要的、持续的紧张来源：于2015年签署的《明斯克议定书》(Minsk Protocol)，旨在缓和乌克兰东部的冲突，使自2014年俄罗斯"吞并"克里米亚之后一直处在交战状态的各方实现持久停火。它被视为一份在欧洲政策框架内做出的妥协声明，同时也是对欧洲（尤其是德国）的战略角色和全球领导潜力的一种考量。然而，从那时起，每天都有违反停火协定的行为发生。根据在乌克兰执行专项监督任务的欧洲安全与合作组织提交的记录，仅 2019 年 3 月有关记录就长达 6 页。俄罗斯否认了对其参与程度的指责，这实际上有效地破坏了默克尔和马克龙在协议中强烈声明并努力展现的欧洲领导人形象。英国脱欧和索尔兹伯里神经毒气袭击事件进一步削弱了欧盟和俄罗斯之间的关系。

内部挑战

欧洲也面临着内部挑战。2016 年英国脱欧公投动摇了欧盟的根基，但事实证明，有关欧盟解体的预言为时过早。其他成员国之间的联盟一直很稳固，至少到 2019 年夏为止，各国都同意这样一个观点，即英国必须遵循欧盟的英国退欧事务首席谈判代表米歇尔·巴尼耶（Michel Barnier）制定的退出协议，在此协议的范围内确定其脱欧的条件，在这一点上没有任何谈判的余地。欧盟是一个基于规则的体系，它在英国脱欧问题上有一个指导原则，即，英国决定退出欧盟，就是决定不再遵守欧盟的这些规则，因此它必须解释自己想要什么。

然而，这种一致性在欧盟政策的其他方面表现得并不明显。欧盟委员会主席和欧盟执委会委员的位置在2019年出现空缺，各国就人选问题争执不下，德国选择的候选人，尤其是欧洲央行行长和欧盟主席的人选，削弱了它在欧洲的领导力。这种削弱的进一步证据来自英国脱欧公投以来欧盟内部长期酝酿着的更广泛的紧张局势。突出的问题包括：意大利财政预算争端、对奥地利移民政策的担忧、波兰和匈牙利在国内事务上违背欧盟价值观的做法，以及欧洲议会选举中中间派政治力量的崩溃。

最后一个问题也是欧洲目前面临的最大挑战，因为它具有经济、社会和政治根源。问题第一次显露是在2015年的移民危机期间，当时，用一位法国高级别政治家的话来说，德国"打破了《申根协定》"，允许难民通过其他欧盟国家进入德国境内。奥地利、匈牙利和瑞典以及德国接收了最多的难民，但由于希腊和意大利等国都是从叙利亚和北非前往上述国家的主要通道，这就造成了一场人道主义危机和一场欧洲仍在试图弥合的政治分歧。德国的观点是，它有责任接收难民，但在2015年11月巴黎恐怖袭击事件之前的一次活动中，一位资深政界人士说，法国感到"不得不关闭边境,以避免发生恐怖事件"。

德国选举中暴露的民粹主义倾向比这还要早。自德国统一以来,德国政治学家一直强调右翼的危险。当时的德国总理赫尔穆特·科尔(Helmut Kohl)以平价合并统一了两国货币,利用国资托管机构在一夜之间关闭了原东德的大部分企业,对该地区经济造成的冲击则由原西德地区以财政转移支付进行援助,此举造成了东西部地区的不和与痛苦,东部地区的高失业率和较低的实际工资,导致了年轻一代德国人向西部大规模移民,而那些无法改变自己处境的人感到自己被甩在了后面,于是他们中的右派拥护德国选择党(Alternative für Deutschland,AfD),而左派则拥护德国左翼党(Die Linke),但是相同的是,他们都回到了民粹主义的极端。

显而易见,德国与欧洲其他国家的关系与此有着相似之处。20世纪90年代,在赫尔穆特·科尔领导之下对东德地区进行同化以后,德国经历了一段紧缩时期。在此期间,原西德地区的选民认为自己缴的税实际上是被用来进行转移支付,补贴了东部地区萎靡不振的经济。这在选民中造成了不满情绪。德国选民不希望看到欧元区出现一个类似的"转移支付联盟",在他们看来,这意味着德国将为其他成员国的挥霍浪费买单。事实上,自欧元问世以来,德国一直坚决反对任何形式的财政联盟。这意味着，欧洲内部结构性失衡的问题变得更加突出了，而加剧这一问题的因素与引发了美欧贸易战的因素相同，那就是欧洲的或者更准确地说，德国的贸易顺差。

综上所述，无论在德国内外，民粹主义的反弹都威胁到了欧盟的存在和欧盟作用的发挥，欧盟创建了一个体现了国家间融合理念的体系，却没有提供在数字化和后金融危机时代实现这一理念的有效机制。在贸易武器化的国际背景下，我们期望欧洲把其以共识为基础的软实力推向世界，并以此引领世界。但是受德国移民危机的羁绊，安格拉·默克尔无法在最需要她的时刻关注更宏大的欧洲发展前景。欧洲如今面临的挑战盖源于此。

多方博弈

尽管存在这些挑战，但我们确实有理由对欧洲的未来持乐观态度。比如，欧洲可能代表另一种战略游戏。欧洲不玩国际象棋，因为欧盟的成员国太多了，而且它也不玩围棋，尽管围棋的整合信息的方式对了解对手应该有很大的帮助。相反，欧洲现在必须展现出一种领导力，让它能够在一场被三种不同策略驱动的多方权力博弈中左右逢源。欧盟的核心资产是贸易，在当今的大国博弈中，贸易既是战略，也是外交政策的一部分，而这应该对欧洲是有利的。

我们通过机械和零部件贸易，来研究一下欧洲作为重工业基地的情况。2018年，欧洲向世界出口了总额为1.46万亿美元的机械和零部件类商品，而该类商品全球贸易总价值约为4.4万亿美元，欧洲约占三分之一的份额。我们将该类商品出口额按国别分类，可以进一步解释为什么欧洲在这一领域处于领先地位。在欧洲，德国、意大利、英国和荷兰是机械和零部件类商品最大的四个出口国，它们四国的出口总额为6980亿美元；相比之下，中国为6690亿美元（见图22）。

在当前环境下，产业规模的确很重要，因为它决定了你谈判能力的强弱。然而，产业链的纵深发展程度也很重要。欧洲的优势不仅在于它在全球机械和工程类商品贸易总额中所占的份额非常大，而且还在于它有着协同互补的完备产业链。例如，与重工业配套的有：电气工程、钢铁、贵金属（因为金和铂是电子和汽车设备的重要材料）和汽车等，这使欧盟在与中国和日本以外所有其他国家的对外贸易中都能实现净盈余（见图23）。

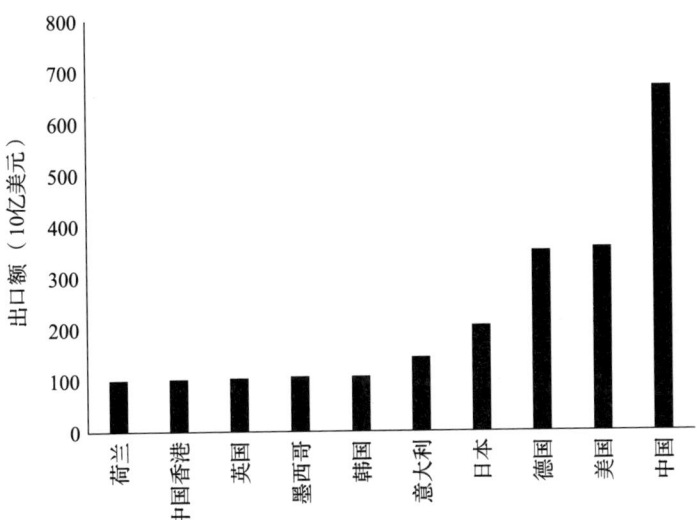

图22 机械与零部件类商品出口贸易额居世界前十的国家和地区，2018 年

数据来源：科氏技术公司，2019

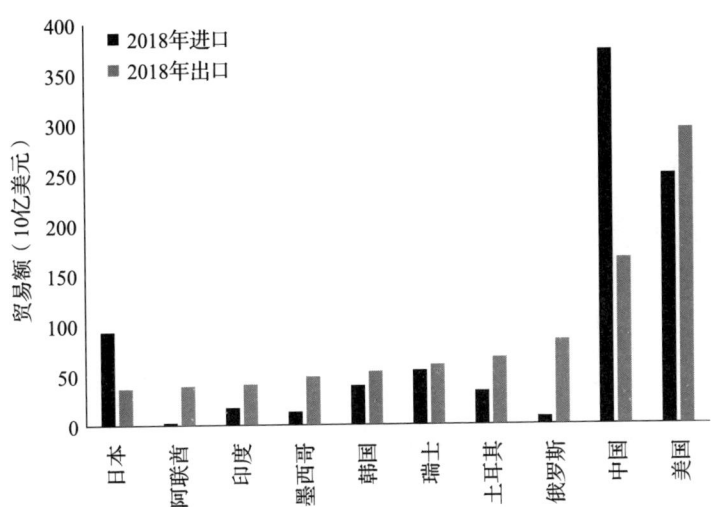

图23 欧盟 28 国对部分国家在工程与汽车两大类别商品领域的进出口贸易额，2018 年

数据来源：科氏技术公司，2018

显然，美国和中国在机械与零部件类商品贸易上占据主导地位，但德国还是引起了美国的愤怒。或许是因为德国在工程和汽车领域的总出口金额达 6810 亿美元，而美国的同类出口总额为 6230 亿美元。在欧盟国家中，德国占这一领域出口的主导地位，有必要关注这一点，并分析一下问题症结所在。当安格拉·默克尔开始谈论"战略竞争"，正如她在 2019 年慕尼黑安全会议上所做的那样，这清楚地表明了她对国际政治格局及其背景之下的贸易世界的看法已经发生了转变。

在工程领域，德国的强项在于其机械、零部件和汽车的出口。为了给它的供应链提供原料，德国在钢铁、电气设备和贵金属（尤其是黄金和铂）方面存在贸易逆差。目前，美国正在对美国进口的钢铁征收关税。但是由于德国的供应来自欧洲内部，它的工程和汽车行业不太可能受到此举的重大影响。

2013 年至 2018 年期间，德国在工程领域的贸易有所增长，尤其是与西班牙、波兰、英国和美国的出口贸易，以及与波兰、美国和中国的进口贸易（见图 24）。

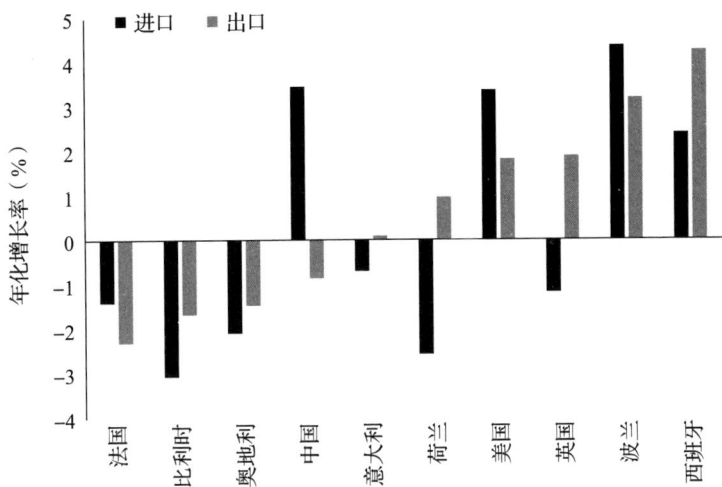

图 24　德国工程和汽车类产品与各国进出口总额的年化增长率，
2013—2018 年

数据来源：科氏技术公司，2019

显而易见的是，在工程与汽车类产品的贸易领域中，德国从美国进口的增长速度快于对美国出口的增长速度，而对中国的出口却大幅下降，这可能是中美之间的贸易冲突导致的经济斗争所致，也可能是因为全球总体不确定性的影响。在图 24 中，一个也许更有趣的现象是，尽管德国和波兰之间的贸易增加了，但它与欧洲其他国家的贸易却下降了。这表明德国可能正在欧洲内部重新分配其供应链，并开始倾向于从东欧国家进口。波兰和捷克（捷克是德国该领域产品的第二大进口国）特别受益于此。

工程类商品是欧洲最大的出口类别，德国是其中的主力。它目前面临的问题是，尽管与美国相比在汽车、机械和零部件贸易上有顺差，但德国在这一领域的生产原料却严重依赖进口，进口来源既包括欧洲内部的国家——而且颇有讽刺意味的是，还包括美国和中国。有一个误解是，当最终产品，也就是增值产品（例如机器和汽车）具有贸易顺差时，这是一件"坏"的事情。由于最终产品的生产依赖于钢铁、金属和电子产品的进口，这种对贸易运作方式的误解有可能导致对有效的跨境供应链的破坏。

预计到 2022 年，欧洲的工程行业将继续保持稳定增长，年增长率约为 1.5%，考虑到它的行业规模，这是相当可观的。欧洲的优势在于传统制造业，包括：重型工程、汽车、制药和航空航天。对这些行业而言，供应链是全球性的，跨境贸易是至关重要的。因此，尽管德国出口的汽车、机械和零部件多于进口，但它进口的电子产品和钢铁却多于出口。

这反映了比较优势的简单真理，这一理论解释了自由贸易产生的基础。当一个国家进口一种产品比自己生产该商品更便宜或更有效时，它就进口。欧洲为这一理论在现实中的运用提供了一个极好的例子。

很明显，欧洲大陆在传统贸易领域——确切地说，在"工程与机械"领域很有竞争力。事实上，欧洲在很大程度上也是这样定义自己的：它为世界各地的基础设施建设和家庭，提供高质量的商品。但这也是它所面临的问题的核心。首先，它以欧盟这样一种集团的身份进行贸易，从而激怒了美国，而这正是华盛顿和布鲁塞尔之间目前暂时平息的"争端"的核心所在。其次，它已经向来自中国的竞争敞开了大门，这既有其传统工业基地的容量和规模较小的原因，也是它在数字和网络安全领域的投资不足所致。

行动方案

欧洲各国是否能拿出一个行动方案，围绕其共同的价值观创造一个有凝聚力的目标愿景？这个问题的答案是肯定的，但是，像很多体育比赛一样，它们需要的是团队协作。

欧盟在很多领域都面临棘手的问题，而它总是用诸如联合声明、合约协议和政策条文来应对这一切。产业战略和安全政策上的议题多如牛毛，打开那些盈篇累牍的文件感觉就像打开一罐字母形意大利面汤，让人读起来不知所云的政策文件就是欧盟及其出台的政策为什么会经历这场合法性危机的真正原因。欧盟关于欧洲安全、经济与工业发展的各种政策文件卷帙浩繁,而且是用艰深晦涩的法律语言写就的,即使我们像学生一样认真研读它,但要想把这些文件准确转化为具体的可操作的实施细则,往好里说是一种智力上的挑战,往坏里说就是根本不可能的事情。或许这就是为何欧洲共同安全与防务政策(Europe's Common Security and Defence Policy,CSDP)在其简报中强调公共问责制度的必要性:"在现代民主国家,媒体和公众舆论在政策的制定和执行中至关重要,民众的承诺对维持我们在海外的承诺至关重要。我们在世界各地的不稳定地区部署警察、司法专家和士兵。这样做会对国内安全造成什么样的影响?各国政府、议会和欧盟机构有责任就此问题与媒体和公众进行沟通。"

欧盟最重要的外交政策策略不过是回答了那句著名的基辛格之问:"如果我想与欧洲对话,该打电话给谁?"然而,经过政策不断迭代,以及最近欧盟"永久性结构合作"(PESCO)框架的建立,欧盟已经开始了定义一种更具特色的外交政策手段的过程。这反映了欧盟对已经变化了的安全格局的认识:首先是俄罗斯在克里米亚的行动给与波罗的海地区接壤的欧盟成员国带来的紧张不安；其次是民众对美国通过北约对欧洲防务所作的承诺感到担忧。

北约仍然是欧盟防务和安全政策的主要"担保人"，而这是美国与欧洲存在争议的关键领域之一。在美国与欧洲的关系中，贸易同样是美国外交政策的代表。特别是，美国有一种长期而强烈的看法——欧洲国家在国防方面的贡献不足。特朗普总统和他的国务卿迈克·蓬佩奥在2018年加拿大七国集团会议和2019年北约峰会上公开对此表示过不满。

总的来说，身为北约成员的一些欧盟国家，并没有按照北约宪章所要求的那样将其国内生产总值的2%用于国防开支。达到2%目标的欧洲国家屈指可数，只有爱沙尼亚、希腊、波兰、拉脱维亚、立陶宛和英国。事实上，它们中的大多数是在2017年至2018年期间才增加了预算拨款，而很多欧洲国家的国防开支都达不到占国内生产总值2%的目标。以2018年为例，德国为1.23%（与2017年持平），法国为1.82%（略高于2017年的1.78%），荷兰为1.35%，意大利为1.15%，而西班牙仅为0.93%。

德国的理由是它受到战后和约的限制，不能承诺进攻性的军事预算。德国还在 21 世纪头十年大幅度削减了军事开支，特别是降低了人员支出，当时德国国内安全似乎没有受到什么威胁。但对此说法，当前的美国政府根本不为所动，美国政府认为减少欧洲的贸易顺差和让欧洲国家增加对北约的贡献异曲同工。

欧洲的战略承认，它在规模和数字化方面失去了优势。欧盟目前贸易协定的方针是巩固其在制造业方面的传统优势，例如与日本、加拿大和拉丁美洲的南方共同市场国家合作。欧盟的贸易政策积极寻求通过加强欧盟集团的产业来促进贸易可持续性。拥有一个涵盖网络安全、数据流、可再生能源、知识产权和公共采购的平衡的贸易政策是关键。该政策关注的焦点问题是：对上述关键领域的任何外国直接投资进行安全审查，还有可持续金融和供应链。

然而，这些说法在许多政策文件中都很常见，因此可能会被视为"缺乏抱负"。对外国直接投资资金流进行审查的原则意味着欧洲有保护自己免受美国指控和胁迫的机制，例如，目前在华为和 5G 方面的做法。它还确保成员国对知识产权和网络安全采取积极的态度。然而，风险总是存在的，欧盟的做法是两害相权取其轻。

关于伊朗制裁的例子清楚地说明了这一点。欧盟与伊朗的贸易具有重要的战略意义。欧洲向伊朗出口汽车、机械、零部件和设备，而伊朗是一个潜在的石油和天然气供给来源，可以减少欧洲对俄罗斯供给的依赖。2016年对伊朗的制裁解除后，欧洲的出口开始迅速增长，欧洲企业在伊朗进行了重大投资。

特朗普上台后，美国政府规定，任何以美元结算或在美国金融市场上进行的交易都不得与伊朗有任何联系。这意味着，如果一个国家或公司与伊朗进行美元交易，无论出于什么原因或采用何种方式，美国都可以对其处以违规罚金。美国制裁伊朗给欧洲带来的直接影响不是这里要考虑的主要问题，因为伊朗作为欧洲的贸易伙伴，尽管它具有重要的战略意义，但双方贸易规模却并不大。相反，欧洲要考虑的问题在于那些所谓的次级制裁对欧洲贸易的影响。

认识到影响的严重程度，法国、德国和英国联合成立了一个"特殊目的机构"（Special Purpose Vehicle，SPV），打算建立一种新的金融机制，旨在帮助那些希望与伊朗保持贸易关系的欧洲企业绕开美国的处罚。但是，有两个因素可能会让这一特殊目的机构夭折。首先，企业都不响应它所提出的支持，而是选择不去触怒美国监管机构。其次，美国在对伊朗的制裁措施里，向总部位于比利时的环球同业银行金融电讯协会（SWIFT）提供了一个选择：要么遵循美国对伊朗的贸易路线，要么让自己面临制裁。不出所料，2018 年 11 月，SWIFT 决定停止其在伊朗的业务。有趣的是，俄罗斯此后启动了自己的金融电讯传递系统，该系统可被中国、伊朗、土耳其和其他国家用作西方系统的替代。

俄罗斯已经表现出了参与欧盟推出的 INSTEX 支付系统的意愿，中国也是，这就使欧洲现在面临两难的境地：它能自己把握方向吗？它是应该遵从传统盟友美国，还是应该开辟新的关系？

民粹主义政治登场

欧洲的问题在于对中间派的信任遭到动摇。各国主流政党对国内民族主义选民提出的问题无法提供答案。原因很简单：所有政策都必须建立在欧盟 28 个国家的共识之上。这是很难实现的，因此，许多政策，包括外交和工业政策，给人的印象是雄心勃勃，而不是目标明确。此外，这些政党不能宣布共有的"国家"利益，因为根据定义，并不存在这种利益。

这种冲突是欧洲政治固有的。当前的结构在冷战结束后便在发挥作用，当时德国相对较弱，但一旦它变得强大，拥有更大的贸易顺差和预算盈余，欧洲内部的国家就会抱怨失衡，而欧洲以外的大国则会抱怨贸易顺差。这导致了在最近的欧洲议会选举时中间派选票的崩溃。

对于欧洲所有的主要政党来说，这次议会投票原本是为了遏制民粹主义政党的潮流。然而，选举前的那个周末，米兰的一场集会让该地区各地的右翼民族主义政党走到一起，要求对欧洲的经济、金融和政治治理进行改革。它们的抗议并不是反欧盟的；它们的目标直指欧洲人民党（European People's Party），该党是欧洲中右翼的一个组织，包括德国的基督教民主联盟（Christian Democratic Union）、爱尔兰的统一党（Fine Gael）和法国的共和党（Republican Party）等。这些抗议活动是为了推动欧盟的改革，而非终结它。

在英国，选举在本质上也同样是民粹主义的，但选举以英国脱欧为主导，重点是向特蕾莎·梅政府明确传达这样的信息：一是脱欧派的背叛，二是留欧派的失望。这是一场与欧盟其他国家正在进行的战斗截然不同的战斗，因为选举本不应该发生，而且是在政治萎缩和商业持续不确定性的背景下进行的。

欧盟之所以走到今天这一步，是因为在全球金融危机之后，以及希腊和欧元区危机的余震期间，欧盟和各国政党都未能展现出明确的领导力。整个欧洲的普通民众不得不勒紧裤腰带，接受实际工资零增长的现状。与此同时，这场危机的始作俑者，那些全球最大的金融机构，则将它们的资源转移到了亚洲，在欧洲经济发展滞后的时候，转而去推动了亚洲的经济增长，这让人愈发觉得，只有精英阶层从中受益，而普通大众却没有。其结果是世界范围出现逆全球化的潮流和对推动全球化的金融结构以及支持全球化的政治阶层的强烈反对。

希望在欧洲进行改革的民粹主义者与只想把欧盟抛开的英国民粹主义者的观点是不同的，二者的差异可能根源于他们对贸易的作用和国家利益的不同理解。在米兰集会的民粹主义者认为，欧盟支持全球化，允许资本和人们自由进出欧洲，付出的代价是国家财政政策的失控。而问题根由在于欧盟规定欧元区国家的预算赤字必须保持在 GDP 的 3% 以下，这意味着各国政府不能通过增加财政支出来改善经济停滞不前的状况。

英国的经济民粹主义则有所不同，因为英国没有加入货币联盟。许多支持英国脱欧的经济论点表达的都是同一个主题：在关税同盟或单一市场内与第三国达成贸易协议是"不可能的"。然而，2018年德国与中国签署了价值170亿英镑的贸易协议；意大利成为第一个加入中国"一带一路"倡议的七国集团（G7）成员国，尽管在欧盟层面对此有保留意见；在欧盟表达保留意见的同时，法国又与中国签署了价值450亿美元的航空和农业协议。最重要的是，英国仍然是中国在欧洲的海外直接投资的主要受益者，其他国家接受的中国投资与英国相比还有一定差距。

因此，尽管英国肯定不能自行设定对外关税，而且必须在欧盟监管框架内进行贸易，但这绝不意味着英国企业不能作为欧盟的一部分达成贸易协议，也不意味着这些贸易协议不会得到国家政府的支持。

认识到欧洲各国民粹主义有着不同的前提很重要，因为这影响着它们在全球调整贸易政策的方式。这一点在过去三年中体现得尤为明显，因为在与世界其他国家的贸易中，美国采取了公开的民族主义态度，尤其是对中国。

美国在贸易谈判中对中国、日本、欧盟和英国采取了几乎相同的立场。它视本国利益高于其他一切国家利益，一心维护本国的安全、本国的技术、本国的农业和制造业，以及本国的货币。贸易已成为美国高压外交政策的工具。

华为的案例表明，美国正试图通过影响其他国家（比如欧盟和英国）的贸易来实现自己的国家安全目标。相比之下，欧元区的核心经济问题自成立以来一直没有改变：在欧洲央行层面过度依赖紧缩财政和货币政策，这未能解决基层选民（先前是希腊，现在是意大利）的担忧。

英国脱欧：哪一张是王牌？

在英国进行脱欧问题民意调查时，民众关于贸易、全球化、政治失败和英国在欧盟之外的身份等明显而复杂的问题的不满，都被归咎到英国政府在脱欧谈判的失败上来。他们的口号是不惜一切代价实现独立，但在当今世界上，一国的政治影响力大小取决于它的贸易规模能产生的杠杆效应有多大，在这样的大环境下，英国的关键问题是能否独自生存。

英国占世界贸易的 2.5%，这一比例较之它在 2010 年金融危机刚结束时略低于 5% 的比例下降了不少。这与法国、德国、意大利和美国在世界贸易中所占份额的下降趋势是一致的，这些国家的贸易份额都随着中国贸易份额的增长而下降。但是，我们有两个理由去关注英国在贸易方面地位的变化。

首先,英国的贸易具有战略意义,除石油以外,它主要集中在五个关键领域(见图25)。机械和零部件、汽车、药品、电子机械与配件、航空航天都被认为是"两用商品"类别,因为这些类别所涵盖的商品中有很大一部分既有民用用途,也有军事用途。在英国对外贸易中,战略性两用商品占30%,在英国对欧盟贸易中,战略性两用商品占60%。这意味着,如果英国脱离了这些供应链,它将在国防领域被孤立。

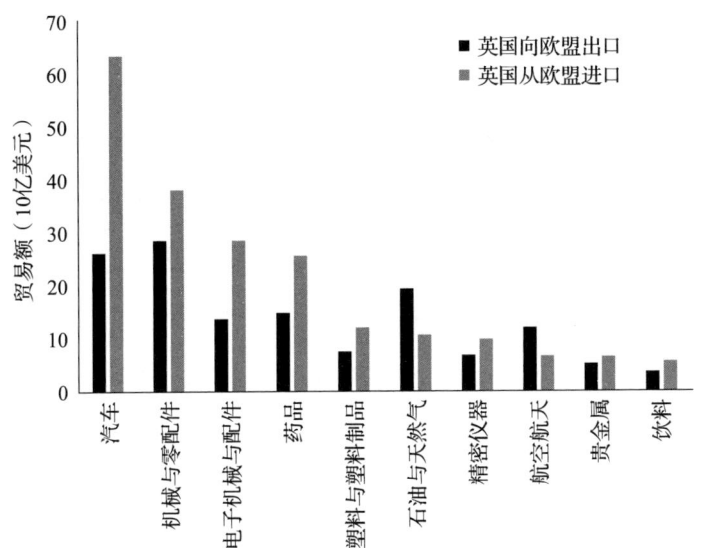

图25　英国与欧盟贸易前十大类产品,2018年
数据来源:科氏技术公司,2019

欧盟在其战略文件中强调了国防和安全方面的研发，重点关注欧洲伽利略（Galileo）卫星计划等大型科学项目。离开欧盟，英国将被排除在与国防和安全直接相关的大型合作项目之外，对未来安全能力的影响需要严肃考虑。

其次，英国目前在世界贸易总量中占2.5%的份额，这个数字说明目前英国的贸易规模是令人担忧的。正如前文讨论过的，自英国投票决定退出欧盟以来，欧盟已与加拿大、日本及南美南方共同市场国家达成了贸易协议。这些协议使欧洲公司能够与占世界贸易42%以上的国家和地区进行自由贸易，而欧盟与美国的谈判仍在进行中。

2019年6月初，对英国来说，最重要的事情是美国总统特朗普对英国进行国事访问。但他来访的时机可能糟透了。特朗普将他的零和谈判风格带到了英国，而面对他的是一个仅以名义存在的英国政府，后者根本不知道其与美国的关系是短期、中期还是长期的。的确，在特朗普访问后，英国政府仍然没有对自身处境和英美关系更好地理出个头绪来。

这次访问实际上与贸易无关，与英国脱欧无关，也与谁将领导英国保守党无关。来访的特朗普总统是这样一位人物——他利用自己独特的地位，开始了重新定义美国与世界其他国家关系的进程。与英国不同，特朗普总统和美国政府对他们想做什么有着非常明确的看法——"让美国再次强大"。

在本书写作之际，美国贸易谈判代表和官员向我们明确表示，他们认为英国应该把英国脱欧作为与美国达成贸易协议的机会。他们还解释说，英国不仅得接受美国在农业和食品安全方面的标准，还应接受美国在英国公共事业领域的投资。美国的其他优先事项包括为其制造商提供公平的市场准入和维持美元对英镑的有利汇率。而英国则将没有特别安排。

因此，很明显，英国在它目前进行的任何谈判中都将是较弱的那一方。它对美国的商品贸易略有逆差，但在过去五年中，它在汽车、药品和航空航天领域的出口分别增长了12%、4%和1.5%。鉴于美国对这些行业，尤其是汽车行业的敏感性，无论英国是否属于欧盟，都很可能成为美国以原产地为由征收关税的受害者，因为英国汽车行业所进口的原材料和零部件成本占到总出口额的大约48%。

美国一心要影响其盟国的政策。英国对待5G和华为公司的做法受到了美国政府的质疑，指责它破坏了"五眼联盟"(包括美国、澳大利亚、新西兰、加拿大和英国)在安全协作方面的约定。有人指出,如果英国跟华为签署这些合同,可能会危及它在"五眼联盟"情报网络中的地位。

英国并不构成对美国国家安全的威胁:它的贸易规模太小,而且无论如何都不过是赤字而已。它作为北约成员国,国防开支至少达到了占其国内生产总值2%的最低门槛,因此在这方面也没有什么不妥。问题是,英国是一个开放的经济体,高度依赖进口。任何贸易协议都会反映出这一点:英国将是欧盟以外的价格接受者,而不是交易主导者。

欧洲式战略

欧盟在制定战略时汲取了历史的教训。它在贸易上表现得像一个"国家",就欧元区而言,在财政上也是如此,正如《罗马条约》所规定的那样——通过经济联盟来防止欧洲发生战争。这已经融入了它的DNA。然而,它并不是一个真正意义上的国家,而是一个贸易集团。相应地,每个成员国都有不同的文化,这些文化决定着它们看待欧洲的方式,影响着它们对欧洲防务和安全共同战略的态度。

这既是优点也是缺点。欧盟的共识政治模式意味着它避免成员国之间的战争的主要目标已经实现。它使战略博弈成为一项团队或至少是合作伙伴间的活动，并使妥协成为最可能的结果。在处理环境问题以及对待来自非国家行为者和黑客的威胁等方面，这可能是一件好事。但在面对俄罗斯、中国和美国目前正在实施的直接战略时，欧盟基于共识的政治将有何表现，仍有待观察。至少在未来 10 年，欧洲将面临一个两难选择——是整合成一个更具战略意义的一体化的集团，还是要允许其成员国各自为政？这种困境和欧洲本身一样古老，但随着时代的变化，它变得越来越重要，值得认真思考。

08

第八章

玩家指南：
行动中的战略

本书无疑时而偏重于理论，这是有原因的。我们知道博弈全靠策略，而策略决定结果。为了得到理想的结果，需要一个理论或理论框架，围绕它来构建策略。理论不是坏事，也不是技术性的或枯燥的，它告诉我们下一步该做什么。在本书前几章所构建的对当今世界的理论分析的基础上，本章我们将探讨下一步应该如何行动。

首先，让我们总结一下我们的理论。我们认为，贸易的背后是大国的博弈：在各国面临的战略选择中，贸易被视为一种可以用来追求权力和影响力的全能武器。因此，当前世界列强和贸易集团正利用贸易进行一场更大规模的代理人战争。一场起初主要是关于物质霸权和领土霸权的斗争，现在蔓延到了对冷战后和全球金融危机后出现的数字化范式的霸权之争。

那么，为什么贸易如此重要，是因为它一切都与地缘政治相关？因为它通过对边界、资源、风险和资金流的控制，在过去200多年或更长时间以来主导着全球互动？毫无疑问，这是一个我们都熟悉的老战场，日益高涨的民族主义论调清楚地表明了这一点，因为它讲的是"零和"，即当你的对手失败时，你就赢得了胜利。事实上，也正因如此，贸易成为了绝佳的战场，因为全世界都懂这个规则。而争夺数字化和数据控制权的斗争更给这场战斗火上浇油，新的博弈方式和新的规则正在形成。

我们的中心主题是，此时我们很可能正越来越多地卷入一场旧式的贸易战，而这干扰了我们对真实情况的洞察。国家实力的定义已经从基于军事和经济实力相互作用的地缘政治转向了范式政治——范式实力。这个范式实力是基于云和网络空间的权力和影响力。与其说它是对土地和资源的控制，不如说是对推动信息、金融和知识产权跨境流动的网络的控制。它完全是关于数据和数据流的控制力。

我们并不认为对物理空间的控制不再重要，相反我们认为这仍然是极其重要的。事实上，俄罗斯的许多战略方针都致力于收复和恢复它在冷战后失去的领土。此外，俄罗斯对欧盟和北约侵入其"势力范围"极为关切和担忧。因此，对资源、领土和传统地缘政治的竞争仍将是国家战略的重要组成部分。

因而，我们提出的论断是我们正在进入一个新的范式。范式这个概念在进化经济学领域被称为"技术－经济范式"。我们把正在发生的事情视为一种范式转变，因为它具有与众不同的特征，并正在改变我们的工作方式、生活方式、商业方式以及我们看待政治的方式。普通人的日常存在被割裂的两个部分，一部分是他们在虚拟世界中的存在，通过社交媒体和他们的网络身份，他们在虚拟世界中拥有权力和影响力；而另一部分是他们在现实世界中的存在，作为现实世界中的普通民众，他们的控制权和话语权是有限的。这催生了民粹主义，而民粹主义又催生了经济民族主义的言论。正如普京在2019年大阪G20会议上指出的，这既可以视作自由主义的失败，也可以视作融合的失败。

世界正在发生新的变化，在这种转变中，我们看到民族国家、新自由主义和新现实主义的复兴，而权力再次主导一切。尽管权力一直很重要，但不同的是，在融合的时代，权力是从国家向企业转移。此时，数字化和快速的技术整合让国家不仅可以通过文化或军事，还可以通过"国家民主基金会"称之为"锐实力"的东西，比如通过教育和威权主义政权的喉舌媒体施加高压，来影响人民和民主政治。当技术－经济范式发生了变化，当国家的实力和影响力体现为对物质世界和数字空间的双重控制时，它就变成了范式实力。

这种范式政治与地缘政治有着深刻的不同。对范式政治而言，贸易是战略性的，它是外交政策的支点，因为它是一种熟悉的挑衅与交战手段，以贸易冲突之名，各国就可以像罗斯福所说的那样使用"战争之外的一切手段"来压制对手抢占上风。我们现在看到的是一场"高风险的和平时期竞争，这里所有的界限都模糊了，如果还存在所谓界限的话"。这是一个"武器化的相互依存"的世界，在这个世界里，即使大国之间想要避免大规模战争冲突，他们的战略同样不乏军国主义色彩，在理论和行动上同样具有强制性。在这里，贸易数据、进出口、物流和交易流以及国家供应链中的公司行为是衡量胜负的机制。控制信息就是一切。

许多人认为，正是数字空间中的这种相互依存性，导致了当前的国际权力斗争。我们的看法与此不尽相同，我们认为，如果上述因果关系成立的话，这种相互依存关系也存在于比数字空间更广泛的范围里。虽然控制数字世界秩序是先决条件，也是最终结局，但将"旧的"世界秩序与这种新范式联系起来的是贸易。贸易让这场范式实力之争在普通民众和政治家眼中变得可见。简而言之，贸易是一种"已知的"外交政策手段，是我们谁也看不见的真正冲突的最理想的代理人。

我们所看到的贸易战，表面上是在熟悉的关税和反制空间中进行的，输赢是显而易见的。在第三章我们分析过，它们并不是真正的暴力，因此，我们需要谨慎使用"战争"一词。然而，它们确实是具有政治性的和侵略性的，它们包含了战争的许多特征，例如用来影响竞争对手和盟友的强迫战术，还有个别国家采用的侵略性、报复性和战略性的行动。我们可以辩称，只有贸易战中的强制性因素才与输赢有关。对一个国家征收关税会改变它的贸易行为，比如，中国在美国关税所针对的商品门类上减少了对美国的出口。既然中国已经减少了对美国的出口，所以美国至少在报表上"赢了"。然而事实并非如此，正如我们已经指出的，中国已经开始走向技术独立的"长征"，而在长期的博弈中，无论怎样都不能确保美国的胜利地位不被动摇。美国的报复模式——对使用中国技术的企业和国家采取行动，尤其是在 5G 和安全领域，是试图展示它对当前范式的控制权。

然而，美国这种做法只能作为一种短期应对手段，事实说明，各国通过贸易"博弈"争夺范式权力的手段存在很大的差异。美国有一个直接的、强制性的战略。它的特点可以用"赢家通吃"来概括——获胜是没有商量余地的，它的表现是在没有长期目标的情况下使用速战速决的战术。它的结果是让美国的战略举措显得既无计划又无章法，并最终损害了美国及其在柏林墙倒塌后所扮演的单边全球警察角色。

然而，我们在关于美国的章节里阐述过，美国的这种战略完全是理性的，而且在精度上与国际象棋类似。对国家安全的任何威胁都被明确列为目标：对中国和俄罗斯等国家，将通过经济和技术手段以及更传统的手段来对付。对伊朗和朝鲜等国家，将通过类似的制裁和贸易融资限制，而不是与之开战。对那些非常规的、非国家的威胁，如恐怖主义和黑客，将通过研发来对抗，特别是在数据和军事安全领域。最后，对移民控制这种国内威胁，将通过关税和贸易协定来解决。

所有这一切都打着削减美国预算赤字的幌子。为什么呢？因为中国和其他外国势力，包括日本和欧盟，拥有足够多的美国预算赤字——也就是美国的债务——如果它们决定一次性出售所有这些债务，它们就能够对美国乃至全球经济施加大得不相称的影响。美元的霸权是全球贸易体系的一切，而美元的弱点是美国的赤字。虽然美国能够也确实正在阻止它国觊觎美国在金融市场和交易结算领域的主导地位，但这种霸权只能在短期内得到保证。可是，正如我们所指出的，贸易金融领域的冲突在经济上相当于按下了核按钮：这是最后的手段。这就是为什么目前的贸易战谈判会陷入僵局，而且可能会持续多年的原因。

相比之下，中国有一套完整的"全球"战略，并将其打包成多边合作。一位资深政治家在2019年伦敦的一次活动上说："我们有巨额盈余，我们希望利用这些盈余帮助其他国家以我们现在的方式实现增长。"这是中国对多边主义的定义，并通过"一带一路"倡议体现出来。正如我们所强调的那样，通过这一倡议获得资金的项目主要是能源和基础设施项目，可以说，"一带一路"倡议的目标是沿着中国的关键贸易路线建设一个体系，使之能与西方的自由主义和融合的理念形成竞争。尽管在冷战结束后的30年里，与西方大国合作符合中国的发展需要，但有人始终对美国的过度影响力感到担忧，这一点在中国以增长为导向的战略下显露了出来。根据中国领导人的说法，建设现代化强国是中国的历史使命,而中国制造 2025,连同对它的所有资源投入,就是一个让中华民族实现复兴的机制。

这与美国的胜者为王的策略不同。中国的实力完全是战略性的,可以被称为"软实力",它是经济和技术方面的实力,而非政治实力。很难说中国正在把自己的政治制度强加给其他国家。中国正在进行的是一场长期博弈。就像传统的战略游戏围棋一样,中国不需要打仗,也不一定要赢,它要的是主导地位。

俄罗斯采取的是另一种方式,因为它既没有美国的硬实力,也没有中国的软实力。它不可能在经济上"取胜"。它是一个商品经济社会,它的金融影响力取决于商品经济活动创造的财富。在贸易方面,除了能源领域,俄罗斯的影响微乎其微。然而,俄罗斯在两个方面的实力不容小觑,而且确保它在大国博弈中拥有一席之地。尽管俄罗斯在冷战后学会了融合游戏的规则,但同时它对美国捞取的单边权力也积怨日深。自苏联解体以来,俄罗斯一直在扩大其军事影响力,以确保自己在前帝国及以外的战略地区仍有影响力。

俄罗斯对战略贸易的解释可以说是大国列强中最具创

造性的。对于乌克兰，它通过提供和储存军民两用物资来保护本国利益和提升在乌克兰的影响力。在叙利亚境内，俄罗斯的战略部分地受到扩大其海军能力的目标的驱动，以便从地中海、黑海和北海三面合围对欧洲构成威胁。而俄罗斯在中东的战略，泛而言之就是搅浑水，跟美国一直对着干，削弱美国的霸权。俄罗斯通过"一带一路"与伊朗和中国建立了关系，还加强了在沙特阿拉伯和阿联酋等国家的战略影响力。为了抗议卡塔尔对恐怖主义的明显支持，沙特阿拉伯、巴林、阿联酋和埃及对卡塔尔实施了封锁。俄罗斯在封锁期间向卡塔尔提供了援助，为卡塔尔提供了通往其境内的替代贸易路线。如果说各国封锁卡塔尔的意图是打算胁迫卡塔尔的话，那俄罗斯就让这个计划落了空。同样，俄罗斯对叙利亚和伊朗提供了战略物资，抵消了美国对这两国制裁的影响。俄罗斯还一箭双雕地帮助伊朗加强了弹道导弹计划，既挫败了美国，又使伊朗在国际社会处于孤立状态。而俄罗斯最近的做法——发展与伊朗贸易的替代金融机制，则为它公然而直接地破坏美国的政策大开方便之门。

就像中国和美国之间的贸易战一样，美国和俄罗斯之间的冲突也有误导的因素。随着美国表现出越来越多的孤立主义，撤出中东，对北约和欧洲的防务采取了更置身事外的态度，更多使用贸易手段而不是军事手段来捍卫自身价值观——这给俄罗斯提供了机会，使俄罗斯能够在它梦寐以求的领域建设自己的实力——具体地说，就是网络空间。

于是，欧洲陷入了一场以数据、信息、知识产权和网络安全为核心的新时代的权力斗争之中。面对复杂的国际竞争环境，欧盟作为国家的集合体，永远不会用目光短浅的策略和"赢者为王"的观点来构建它的应对方案，因为如果这样的话，就跟欧盟以集体利益为基础的原则和共识政治的模式大相径庭了。欧洲的做法是综合不同的战略视角，达成妥协。这并不意味着欧盟的成员国、企业甚至政界人士不想参与竞争。相反，这意味着他们希望找到最佳方式，优化欧洲研发、创新、商业和增长的潜力，为该地区最大多数的民众提供最稳定的环境。

美国、中国、俄罗斯和欧盟之间的最大区别在于，欧盟受其宪章制约不能寻求国家权力。欧盟不具备国家的地位。因此，尽管欧盟可以讨论如何让其公民、企业和成员国表现得更好、更环保、更可持续，采取更包容的行动，但它无法确切地告诉它们如何做到这一点。它是一个支持性的组织，而不是一个有强制力的组织——从历史上看，欧盟本身不参与竞争性博弈，而是帮助别国参与。

欧盟现行的这种做法在几个层面上是不可持续的。美国将欧盟视为竞争对手，不仅因为其贸易顺差，还因为其防务已纳入北约，因此美国和欧洲的安全密不可分。俄罗斯认为欧盟的集体主义是可以挑战的对象，而中国则将欧洲的企业和银行视为潜在合作伙伴，既可以在"一带一路"项目上合作，也可以在欧洲本土的项目上合作，当然前提是要按中国的条件来。欧洲已经成为全球斗争的一部分，它迫切需要一些工具来帮助它适应形势和重塑影响力。

正如我们所看到的，欧洲的全球战略地位及其自身的凝聚力都岌岌可危。它也不能幸免于民粹主义潮流，正如前文所述，这股民粹主义浪潮既有来自左翼的力量，又有来自右翼的力量，他们在2019年的欧洲选举中横扫了中间派政党。欧盟确实可以围绕防务达成共识，并可能通过"永久结构性合作"这项联合防务协定来组建一支防务力量。此外，欧盟委员会意识到，让整个地区的选民认识到欧盟存在的必要性和合法性至关重要。我们认为，英国脱欧是欧洲问题的症状，而不是原因。英国对脱欧的统一态度表明，它有能力采取直接的，或许甚至是赢家通吃的方式，来解决可能影响其未来凝聚力的问题。

大国博弈，计将安出？

新范式的威胁是显而易见的。我们对每一个战略案例——美国、中国、俄罗斯和欧洲，都或多或少列出了相同的风险领域：网络攻击，知识产权开发与保护，贸易和竞争力，保护传统产业和发展新兴产业。此外，还有防范非国家行为者，如恐怖分子或黑客，他们对一国可能造成的摧毁或破坏不亚于任何敌国。还有更广泛的问题，比如数字身份、数据所有权和控制权，以及个人安全——无论是在经济上的还是在幸福感上的……所有这些都是民粹主义崛起的基础。然而，在混乱的背景下，无论对当局还是对民粹派，压倒一切的是一种紧迫感。我们现在看到的严峻的国家战略是对这一切的回应。

我们无意批评这些国家战略中的任何一个：每个国家的战略都是由其价值体系和社会规范决定的，而每个国家的价值体系和社会规范都反映了其长期发展和不断演变的文化特色。各国战略既体现了其价值观的优势，也体现了其劣势。我们只是想指出，世界大国之间正在进行一场危险的"胆小鬼博弈"。自2016年特朗普上台以来，这种一报还一报的策略大行其道，并在贸易、技术和外交方面定义了对外政策框架，但它的起源其实可以追溯到更早。似乎没有哪个国家应该受到指责,但也没有哪个国家是完全无辜的。

然而,"顺其自然,走一步看一步"是问题所在,而不是解决方案。各个大国都在争夺新范式的主导权,如果说列强纷争让世界正变得更具竞争性,那么我们可以预见,它们也可能会导致短期的甚至是长期的更大的混乱和不确定性。在贸易方面我们已陷入一个僵局,博弈中的大国谁都无法进一步升级冲突,因为可能的后果实在太糟糕了——全球金融系统可能会崩溃,最终可能会出现两个并行的互联网/数字系统,分别运行在不同的政治体制下,一个属于东方,一个属于西方。

因此,解决问题不能指望哪一国的国家战略,而必须靠多边战略。简而言之,所有国家都需要像欧盟那样进行多方博弈。我们面临的威胁是共同的,其中最大的威胁是气候危机,除了欧洲以外,几乎没有任何国家战略涉及正威胁着人类生存的这一问题。当世界的可持续性、贸易制度、经济、环境和安全正受到超越国界的和全球性因素威胁的时候,我们居然在考虑民族主义,这是很奇怪的。当前的形势下,共识政治淹没于汹汹民粹浪潮之中而无能为力。如果我们听之任之,就可悲了,相反我们主张,任何当前的战略都必须赋予多边的国际化的组织和企业以更多的权力，让它们重新夺回失去的合法性基础。以规则为基础的国际体系和机构需要与企业和金融部门合作，共同修订、改革和创立使国家利益与国际利益协调一致的战略。欧洲有责任向外看而不是向内看，有责任发挥引领作用。

为企业和银行界的贸易专业人士提供的策略

我们认为以下这些是企业以及国际机构都可以采取的策略。正如我们之前所说，银行和金融部门在某种程度上要对当前的局面负责。它们对全球经济增长和融合的毫无疑问的支持意味着在金融危机之后许多"贫穷者"被远远地抛在了后面，而这些人就是目前支持新自由主义的民族主义政客的那部分民众。要想对此予以补救，要做的比"让人们爱上银行"多得多。虽然让银行受所有人爱戴是永远不可能的，但是，企业和金融机构应该在下面两个关键领域表现出一些主动性。

首先，它们必须承认自己对当前局面应负的那部分责任。在本书撰写之际，我们访谈过的大多数银行界专业人士和商界领袖都认为：政客们正在使用工具获取权力，如果他们继续使用这些工具，最终将造成损害。通过向各国政府和多边组织提供更多的数据，并使贸易和贸易融资的实际运作更加透明，金融机构可以帮助它们纠正现有政策的不足并制定有效的战略。东西方贸易融资和交易体系的分离，以及导致金融体系崩溃的贸易战，都不符合企业或银行的利益。对武器和军民两用物资以及供应链交易，至少在数据方面应该更加公开。商业和银行界专业人士应该在这方面起表率作用，仅仅坐而论道和批评谴责政客是不够的。

企业和金融机构应将这种公开透明的理念引入自身业务及与客户的关系中，开展业务时必须向公众告知与数据相关的安全风险。谁拥有我们的数据，谁就必须负责保护这些数据，这是我们这个时代面临的关键挑战。在当前不受监管的环境中，那些获取和保有数据的人有责任解释如何使用这些数据，还有更重要的是，如何确保数据的安全。与我们一直在讨论的国际权力之争相比，这似乎微不足道，但"锐实力"，即通过控制通信和数据来施加影响和胁迫的权力，首先完全取决于是否能够获得这些数据。全球约有24.1亿人使用"脸书"（Facebook），他们将自己的喜好、家庭关系甚至日常生活都发布在脸书上。一旦你是脸书用户，或者谷歌、推特用户，你就可以使用相同的用户信息登录其他平台。任何想要积累你信息的人都可以简单地利用"网页抓取"获取你的数字足迹。现在，你的身份和隐私，很容易被窃取，也很容易成为武器。我们的企业和金融机构有责任推广开放的自动化平台接口（APIs），与屏幕抓取相比，它更安全，更重要的是，将数据的控制权留给了个人用户。

多边战略

下面，我们明确了五个关键领域，我们认为任何国际博弈计划都应效仿美国国家战略的处理方式，对任何针对其系统的实际存在的或可感知的威胁，都能明确地、有条理地应对。商界和政界的中间派再也不要坐等当前全球不确定性气氛消退，因为这不会很快发生，而在彷徨等待期间，危险将不断累积。

按规则办事

在数据方面，任何国际战略都必须首先考虑规则和标准化。在数字范式中，数据是商业、金融和政治等领域竞争优势的重要来源。当你在玩一场信息不对称的博弈游戏时,了解竞争对手所不了解的东西是至关重要的:它能让你获得先发优势。

这里的风险显而易见。大量的数据存储进了云端,它们可以被用来操纵意见、积蓄权力和破坏政治体系,所有这些都超出了实际拥有这些数据的人(即选民和买家)的控制或发言权。在交易层面,用一位资深银行家的话来说,这创造了"数字孤岛"。由于这些数字岛屿是单独发展的,存在着每个岛屿使用不同标准的风险,这就增加了业务的复杂性和诈骗与犯罪的可能性。

与此同时,我们看到人们对加密数字货币的兴趣日益浓厚。正如英国《金融时报》副主编兼首席经济评论员马丁·沃尔夫(Martin Wolf)所指出的,脸书推出一种名为Libra的虚拟加密货币,这一方面受到了欢迎,因为有人将其视为迈向金融普惠制的举措;另一方面也遭到了批评,因为有人认为这种做法太过激进。危险在于,不受监管的个人将能够用无法收回的虚拟货币来进行债务转移,或将金融欺诈隐藏在区块链中,使传统的检测系统无法检测得到。

我们的目的不是争论这一举动的对错。虽然,自金融危机以来,银行为完善"反洗钱"、"客户身份认证"和合规风险管理方面的规则投入了大量成本,并确保尽可能地降低贸易融资和交易结算部门的违约和信用风险。问题是,中小出口企业所需的贸易融资存在 1.5 万亿美元的巨大缺口,而目前的金融体系无法提供足够的融资。同样地,在消费者方面,根据世界银行的统计,世界上大约有 17 亿人没有银行账户。

这个市场太大了,加密数字货币的范围太广泛了,以至于将来不会成为激烈竞争的领域。确实,在最近的一次"国际银行营运研讨会"(Sibos)活动中,有一位资深银行家被问到,他是否可以想象存在这样一个世界:在美国监管机构的眼皮底下,加密货币被用来在受制裁的国家里开展业务。他们的回答是一个明确的"是的"。

银行正在被去中介化,而引发这一趋势的并非那些通常对银行抱合作态度的金融科技公司(Fintechs),而是那些大型科技公司(Big Techs)。如果不对新兴的技术公司进行监管,银行这些年来做的许多工作,比如支持企业履行社会责任、发展可持续供应链金融、信用风险控制、改善资信调查和降低融资成本等,都将付诸东流。当然,更危险的在于,谷歌、亚马逊、脸书和微软可能很快就会与支付宝、腾讯和阿里巴巴开始一场前所未有的技术博弈。

停止垄断行为

现在的风险源于这样一个事实：全球经济体系依赖美元。美国能够随时关闭这个系统，只要它认为这是一项值得采取的战略行动。前文我们设想了日本、中国甚至欧盟出售所持有的美国债券的情形，强调了类似的风险，并指出，虽然控制金融网络的实力属于美国，而中国却有影响全球经济的实力，因而它们都不太可能使用此"核选项"。贸易战已经达到了自身的威慑平衡。

尽管任由美元霸权存在不是一个积极的举动，然而，日元和欧元等替代储备货币在贸易体系中要么不够重要，要么不够发达，均无法承担这一角色。《金融时报》评论员、副主编沃尔夫冈·芒肖（Wolfgang Munchau）指出，"欧元"一词经常与"危机"一词联系在一起，这无助于欧元在全球市场乃至全球贸易中的地位。他还说，货币已成为地缘政治的一部分。由此我们可以进一步论证，它们已经成为范式实力的一部分，因为如上所述，它们具有成为数字货币的潜力。

这意味着，欧洲央行和欧元区成员国必须在商业领域发挥领导作用，推动欧元取代美元，让欧元像当今的美元一样获得如芒肖所说的那种"超特权"地位。这场运动可以由欧洲的银行和企业牵头，当然，在定价机制中使用欧元替代美元相对比较简单，但因此而面临的次级制裁的复杂性是不容忽视的。可是，这至少是围绕欧洲框架重新调整世界贸易的金融规则的开始。

在自由贸易中公平竞争

具有讽刺意味的是，"平衡"和"公平"的自由贸易是所有国家战略都认同的。世界贸易组织目前比较弱势，它必须做出更多努力，证明自己既理解自由贸易的本质，也理解其后果，从而证明自己的存在是正当的。从本质上说，它必须向美国和中国重申规则。为了成员国的共同利益，欧盟对这两个国家都提出了申诉，但美国宣称争端解决机制不公平，并对欧盟提出了国家安全要求。美国的做法是通过阻挠法官改选致使世界贸易组织的纠纷仲裁机制停摆。中国的做法是主张多边主义，并主张这个时代各国应该仍以世界贸易组织的规则为基础开展贸易。然而，美国和欧盟指责中国存在知识产权盗窃、国家补贴项目以及限制外国投资等问题，它们声称这些可感知的威胁引起了欧美企业和民间的不满。无论如何，到2019年底，世界贸易组织的争端解决机制将不复存在，让世界贸易组织在它最需要发出声音的时刻噤口难言，只能坐视各方按照各自国家战略一意孤行博弈到底。

这是不可持续的。重申一下,全球化不是贸易,尽管在全球化数字时代,即范式转变时代,贸易是大国竞争的手段。之所以如此,原因有两方面。首先,由于显而易见的原因,世界贸易体系使各国产生不满情绪并使这种不满情绪持续发酵。各国没有"好好表现"导致的结果是,世界贸易体系目前受到了不可挽回的损害。除非世界贸易组织能够迅速改革并融入新的数字贸易现实,否则中美之间的争端以及美国与其他贸易伙伴之间的争端发展下去,将导致世界贸易组织的灭亡。空乏地呼吁改革有些不切实际。因而,我们呼吁世界贸易组织进行紧急调整,将其工作引向理解当前贸易冲突的性质,并以此为依据有针对地制定战略。无论成立一个数字化工作小组听起来多么有趣,它都不会解决现在的燃眉之急。

目前的制度还要求各国政府和出口信贷机构了解贸易的竞争格局和政府在其中的作用。到目前为止,在这一方面国际上一直是依据经合组织共识来进行约束的。该共识是一项关于官方支持出口信贷的安排,原则是促进各国对出口信贷的官方支持条件趋于一致,帮助各国主要出口企业获得从事出口业务的融资信贷,鼓励公平竞争。加强经合组织的共识至关重要,因为有迹象表明,这种共识正在瓦解:中国的出口信贷机构现在为超出比例的更多的公司提供了融资,而美国直到最近才采取了一种更加公正和基于市场的方式来支持其进出口银行。这样的做法使得进出口银行没有完整的授权管理,这在一个民族主义情绪日益高涨的世界里是不公平的。经合组织秘书长任期的延长和在 2019 年 9 月对其宪章的补充修订都是受欢迎的。但各国政府支持本国重要战略贸易的举措,必须在国际框架的约束范围内进行,才能确保公平竞争。

第二,也许更重要的是,那些在整个世界贸易历史上一直从中受益的政治、商业和经济方面的参与者没有给出一个合理的解释,为什么贸易对那些在全球化和融合时代处于不利地位的人们很重要。这导致了民粹主义的兴起和对贸易的抵制。贸易创造了就业、创新和竞争活力,在这个变化的世界中,人民、文化和机会之间的关系,随着技术不断进步,可以从竞争关系向共生关系转变。

这是一个复杂但积极的信息,阐明它是我们的责任。从古代的腓尼基人、波斯人、罗马人和古丝绸之路开始,贸易就推动了世界的发展。生活中总有成功者和失败者;但一个相互依存的后现代世界不会坐视这种情况不管。欧洲的现状是因为缺乏领导力导致的。对此，欧洲同样应该负起引领的责任，因为这个集团代表着多边贸易方式的共同利益。

拯救地球

当前环境危机的严重性怎么说都不过分。环境并非本书主题，但应该指出的是，从环境的角度来看，贸易并不是良性的。业界很清楚，大型船舶比汽车或飞机污染更严重，而且正在破坏着环境。不幸的是，把贸易转移到数字空间并没有多大帮助，因为人们总是需要来自世界各地的产品。区块链也不是一种环境可持续的解决方案，例如，支持比特币的硬件每年使用 66.7 太瓦时的电力，相当于捷克共和国全国的能源消耗，超过世界上 159 个国家的能源消耗。

必须规范贸易行为。国际商会银行委员会已将工作重点转向为银行业制定共同的监管标准，而且已经出台了一些标准，要求银行对可持续贸易融资和可持续供应链进行报告，并将该报告纳入银行合规性、客户尽职调查和反洗钱等金融监管框架。

环境不是竞争优势的来源，但它代表了一个长期存在的世界性问题。应对环境恶化是中国制定长期竞争力和产业政策的动力之一，也是中国的关键优势。如果我们不采取行动，每个人都将面临可怕的后果。我们认为，国家和超国家组织必须确保在产业、贸易和竞争力战略的每一个领域都考虑到环境问题。尽管欧洲和中国目前已经在这样做了，但这在美国的战略中并不明显。美国迫切需要再次参与到这些环境讨论中来，因为它的缺席显然是不可持续的。

了解民粹主义

最后，民粹主义是一个共同的世界性问题。我们在第一章中提到过，这是一个恶性循环。经济和贸易的放缓使那些没有从全球化时代的好处中受益的人产生了一种被排斥的感觉。这造成了一种民粹主义反弹，政客们试图通过以贸易为中心的民族主义语言来解决问题。这很有说服力，也很容易理解。然而，它导致了保护主义和贸易壁垒，正如我们从2019年开始观察到的，这造成了商业的不确定性，并让经济增长速度进一步放缓。

在我们打破这个循环之前，世界围绕贸易和贸易战而产生的不确定性不会减弱。我们知道，企业、银行和政府可以在促进可持续发展目标的实现和供应链监管方面做出更多努力,以确保职业道德、企业社会责任和可持续发展规范得到落实。经济增长与经济幸福感同样重要,而西方自由主义需要被批判的是,它只持续关注于经济增长,这意味着它将永远解决不了不平等和社会分化问题。

这是一个关乎贸易的问题,正如我们多次强调的那样,目前正在发生的贸易冲突是大国之间真正权力斗争的另一种表现形式。这场斗争由于民粹主义政治的兴起而变得更引人注目,而且更不容忽视。任何新战略都必须保障和促进人民的利益,维护人民群众控制自己数据的权力——进一步而言,维护个人生命不受侵害的权力。

博弈的终局

中美之间的贸易战令我们产生了写作本书的想法。用博弈论的术语来说,我们相信中美贸易冲突最终将是一个"双赢"的结局,即任何一方都不会输,而且双方都可以看成是"赢得"了自己价值观的胜利(见表8)。

能令国际社会获胜的唯一情形是中国和美国都采取行动来缓和紧张局势。这并不符合美国的最佳利益,因为从战略上讲，美国不支持世界贸易组织目前的形式，而且美国这种做法有促使中国升级冲突的风险。然而，缓和或妥协符合中国的利益，因为中国认为自己是世界贸易组织的支持者，是一个希望避免冲突、实现和平发展的国家。

最有可能的结果是双方将达成妥协。这并不意味着国际社会在其中没有发挥作用。事实上，国际社会需要提供战略"桥梁"，以便让世界顺利过渡到新的技术－经济发展范式。需要国际社会共同努力的方面包括：监管和标准化，自由贸易，制衡美元霸权，将可持续性纳入供应链，以及为那些被全球化进程排斥在外的人们提供支持。

表8 中美贸易冲突的一个典型博弈论结局

		美国		
		升级	妥协	降级
中国	升级	没有胜方 －等同于在经济上按下核攻击按钮 －经济危机	中方可以欢呼胜利，但这是一个不稳定的休战	中方胜利
	妥协	美方可以欢呼胜利，但这是一个不稳定的休战	双赢，双方都赢得了自己的价值观的胜利	中方胜利
	降级	美方胜利	美方胜利	类似世界贸易组织这样的国际组织获胜

目前的博弈不只是关于贸易、经济或军事实力。它关乎权力，国际社会必须同样认识到这一点。俄罗斯、中国和美国之间的一场混战正蓄势待发，欧洲需要在新的世界秩序中努力捍卫自己的身份。就英国脱欧而言，它面临着一项战略选择——是转向美国？在数字时代，权力和影响力似乎就在美国这边；还是转向欧洲？英国的价值观根植于欧洲。但有一点是绝对清楚的，英国无法独自生存。

两年前，我们在《贸易武器化》一书中指出，如果世界继续沿着民族主义和孤立主义的道路走下去，全球贸易体系就会瓦解。我们说过，不排除因为误判而将贸易战升级为军事战争的风险，现在依然如此。我们敦促政治家们谦卑，从他们根深蒂固的立场上后退一步。

两年前，我们就已经太迟了。最近"贸易武器化"一词的流行，更只会让中间派产生这样一种感觉——想要达成一个温和的、以商业和人民为主导的、倡导与贸易伙伴合作而不是对抗的共识，议程漫长而希望渺茫。美国认为盟国之间的贸易竞争是积极的，但我们目前还没有看到其事实依据。

希望读到这本书的所有商界领袖和中间派政治家都能认识到，我们已经没有了退路，我们生活在一个大国争夺主导世界秩序权力的世界。然而，这个世界秩序已经改变了，控制它的手段也改变了。

我们提供了一些实用的、基于贸易的建议，希望将这个行业从危险边缘拉回来；但这些建议不会使我们顺利地走向新的模式。战略家们面临的挑战是，他们必须重新审视外交政策的框架：我们是否希望看到一个新现实主义的世界？一个由大国主导的权力、影响力和个人利益就是一切的世界？对此，与我们合作过的商界和银行界人士给出的答案是："绝不"。美国认为盟国之间的贸易竞争是积极的，而我们尚未看到事实佐证。大多数国家希望选择的路径是多边主义，通过国际行动一致应对共同威胁。

否则，博弈将以灾难终局。

致 谢

效仿奥斯卡·王尔德的话来说,"跟父母中的一方合作写一本书可以看成是一场不幸的经历,写上两本的话,那看起来就纯属作者本人太不懂得谨慎了"。

作为母子团队,我们特别要感谢在写作本书过程中家人们的坚忍、支持和耐心。对于那些日子里,我们垄断的餐桌对话,我们忽略的婚礼筹备,我们没洗的餐盘和我们缺席的购物,在此我们深表歉意。丹尼斯和盖尼,查理和劳拉:我们爱你们,也感谢你们。至少,我们欠你们一品脱哈维啤酒。

没有一本书是仅凭一己之力——或者仅靠我们二人之力就能完成的。我们对曾帮助和陪伴过我们的人们永怀谢忱:比阿特丽斯·海泽尔教授对我们给予了大力支持和悉心指导；中曾根弘耐心地忍受着我们错过截稿期限的煎熬；杰克·戴维斯对"锐实力"洞幽烛微的见解适时启发了我们；科氏技术公司的同事们，在我们写作的时候，确保了业务运转如常。从西塞罗远道而来的皮特·默里、亚当·泰勒和伊恩·安德森，以及凯特·麦克安德鲁和本·莱特让我们欣喜，他们提醒我们生活中那些重要的事情，比如酒和足球，还有别把自己太当回事——而这些本来很容易被忘记。《全球贸易评论》的埃德·德鲁斯、皮特·古宾斯和香农·曼德斯确保我们的工作不偏离正轨。伦敦出版合作公司（London Publishing Partnership）的黛安·科伊尔、理查德·巴格利、萨姆·克拉克和艾伦·怀特提供了宝贵的编辑意见。

最后，我们特别感谢德意志银行（Deutsche Bank）的克里斯托夫·韦尔曼和克拉丽莎·丹恩。如果没有他们给我们的灵感，这本书就不会出版。他们鼓励我们写这第二本关于贸易武器化的书。尽管论述方式和内容都是我们的，但他们使我们相信，事情如此重要，有必要将我们进一步研究的发现传达给读者。